Irene Sommer
Beflügelt statt erschöpft

Über die Autorin

Irene Sommer ist 1981 geboren, verheiratet und hat drei Kinder. Im Rahmen ihrer dreijährigen Ausbildung zur Jugendreferentin/Gemeindediakonin und Erzieherin auf einem Bibelseminar hat sie sich viel Fachwissen in den Bereichen Theologie und Seelsorge aneignen können. Durch ihre Arbeitserfahrungen als Erzieherin und als Gemeindediakonin sowie durch ihre Arbeit im Kinderheim konnte sie außerdem immer wieder den starken Zusammenhang zwischen der Entwicklung des eigenen Gottesbildes und des Glaubens und den Erfahrungen im Kindesalter erkennen. Nicht zuletzt aufgrund ihrer eigenen traumatischen Erfahrungen ist es Irene Sommer ein Herzensanliegen, Frauen mit verletzten Seelen einen Weg in die Freiheit und den Frieden Gottes aufzuzeigen. Irene Sommer ist ein Pseudonym, um die im Buch genannten Personen zu schützen.

Irene Sommer

Beflügelt
statt erschöpft

Vom Loslassen, Heilwerden
und Liebenlernen

Ich widme dieses Buch meinem Jesus.
Mein Herz geht auf, wenn ich an dich denke.
Danke für die Leichtigkeit,
danke für das vollbrachte Werk!

Und ich widme dieses Buch allen Frauen,
deren Flügel zerbrochen wurden.
Jesus heilt liebevoll auch eure Wunden,
bis ihr wieder fliegen könnt –
frei, wild und wunderbar, wie Gott euch schuf,
als seine Königstöchter.

Inhalt

Prolog
Das Hamsterrad bleibt stecken

Ein Hamsterrad
sieht von innen wie eine
Karriereleiter aus.
– Unbekannt –

Hier liege ich nun in einem weißen Krankenhausbett, starre an die Wand und verstehe die Welt nicht mehr. Was mich ins Krankenhaus gebracht hat? Allein der starke Wunsch, Gott zu gefallen, oder auch einfach meine Vorstellung vom guten Christsein. Ich habe doch nur mein Bestes geben wollen; meinen Auftrag, die Welt etwas besser zu machen, versucht, nach bestem Wissen und Gewissen auszuführen. Es ist nicht so, als wäre ich die kleine Schwester von Mutter Teresa. Ich bin eher der „Durchschnittstyp Mensch". Ich bin weder klein noch groß, weder leise und zurückhaltend noch laut und aufdringlich. Als Mutter gebe ich mir viel Mühe, meine drei Kinder zu guten Menschen zu erziehen, und habe darin mal mehr, mal weniger Erfolg. Meine Wohnung ist relativ sauber, mein Essen ist sogar manchmal gesund und Kuchen kaufe ich öfter, als dass ich ihn backe. Ich liebe meinen Beruf als Erzieherin, da mein Herz für Kinder schlägt. Meine eigenen drei liebe ich so sehr, dass es mir manchmal schwerfällt, ihnen Grenzen zu setzen – bis sie über *meine* Grenzen gehen und ich einfach, fix und fertig mit Nerven, die ganze Bande anbrülle. In der Gemeinde findet man mich meistens in den Kindergottesdiensträumen. Ich bin eine ehrliche und anständige Christin, die Gott von ganzem Herzen lieben und ehren möchte.

Mein Alltag nimmt manchmal eine Geschwindigkeit auf, bei der sogar mir selbst ab und zu schwindelig wird. Ich kenne es aber auch nicht anders. Und sehe ich mich in meiner Umgebung um, so stelle ich fest, dass auch die Terminkalender meiner Freunde und Bekannten zum Bersten voll sind. Alle scheinen zu funktionieren. Und deshalb gebe auch ich mir große Mühe, nicht nur meinen turbulenten 5-Personen-Haushalt im Griff zu behalten, sondern darüber hinaus auch ein vorbildliches Leben zu führen, indem ich anderen hingebungsvoll diene. Ein Leben, von dem ich immer dachte, dass Gott es so von mir möchte. Nun ahne ich zum ersten Mal, dass genau darin das Problem liegen könnte ...

Selten schlug ich eine Bitte um Hilfe ab. Oft bot ich meine Hilfe schon an, bevor mein Gegenüber seine Bitte überhaupt ausgesprochen hatte. Mein Appell- bzw. Hilfsohr hört jeden unausgesprochenen Zwischenton. In der Gemeinde arbeite ich natürlich mit, weil ich davon ausgegangen bin, dass jedes Gemeindeglied aktiv mitarbeiten sollte. Zum Elternrat wurde ich gewählt, weil ich das Schweigen der anderen Eltern nach zehn Minuten nicht mehr ertragen konnte. Also stellte ich mich zur Wahl – und das, obwohl mir bewusst war, dass mein Leben auch ohne diese Aufgabe schon ausgefüllt war. Zur Arbeit komme ich stets pünktlich und gut vorbereitet. Als gastfreundliche Familie steht unsere Tür für alle und jeden offen. Die Fürsorge für eine Flüchtlingsfamilie habe ich übernommen, weil es viel zu viele Flüchtlinge, aber viel zu wenige Helfer gab und ich meinen Teil dazu beitragen wollte, dass sich daran etwas ändert. Und ich habe diese Arbeit bis zur Erschöpfung geliebt. Ja, es motiviert dich ungemein, wenn du innerlich davon überzeugt bist, dass Gott mit einem anerkennenden Lächeln auf dich und dein Leben herabschaut.

Egal wie erschöpft und ausgelaugt ich mich fühlte, ich machte einfach weiter. Immerhin schafften es die anderen doch auch ... Es *musste* einfach weitergehen. Wer kennt das nicht? Das Haus sauber, vier Maschinen Wäsche gewaschen, zusammengelegt, verteilt, das Essen zubereitet, die Spülmaschine angestellt – einatmen, ausatmen, umdrehen und das Chaos ist schon wieder da.

Kurz vor meinem Zusammenbruch bat ich eine Bekannte, die die Gabe dazu hatte, mir mein Sprachengebet auszulegen. Ich sprach es aus tiefstem Herzen, und sie übersetzte danach: „Vater, stille den Sturm um mich herum und ziehe mich auf deinen Schoß."

Verwundert und erfreut dachte ich: „Herrlich, das hört sich doch gut an!" Noch am selben Abend traf mein Mann die Entscheidung, mit mir ins Krankenhaus zu fahren, weil mein Kreislauf immer wieder kollabierte und sich Sichtfeldausfälle bei mir bemerkbar machten. Ich wurde wegen Verdacht auf einen Schlaganfall gleich dabehalten. Nach einigen Untersuchungen erklärte mir mein Arzt, dass sich vermutlich durch eine ruckartige Bewegung an der Innenwand meiner Halsschlagader ein Riss gebildet hat. Da ich in meinem Alltag nicht zur Ruhe gekommen war, konnte der Riss nicht heilen, und so entstanden kleine Blutgerinnsel, die mit dem Blutfluss ins Gehirn wanderten und dort zu kleinen Schlaganfällen führten.

*　*　*

Nun liege ich hier in der Stille und habe viel Zeit nachzudenken. Der Sturm um mich herum ist äußerlich zum Stillstand gekommen. Wie Jesus auf dem Boot mit seinen Jüngern, so sprach er vermutlich auch in meinem Leben nur ein Wort und es herrscht Stille um mich herum. Die Ärzte signalisieren mir, dass ich etwas an meinem Leben ändern sollte. Für Schlaganfälle wäre ich mit meinen 36 Jahren noch viel zu jung.

So drängt sich mir die Frage auf: „Habe ich etwa viel zu viel gegeben?" Ja, mein Leben lief schnell. Aber das Leben der anderen Familien lief doch auch schnell. Mit drei Kindern im Haus läuft eben selten etwas langsam. Und ich habe ja noch das Glück, einen wunderbaren Mann an meiner Seite zu haben, der mir jederzeit unter die Arme greift – sei es im Haushalt, bei den Kindern oder beim Einkaufen. Dennoch bin ich an den Punkt gekommen, an dem Ärzte mir raten: „Frau Sommer, ändern Sie etwas in Ihrem Leben." „Wie stellen Sie sich das vor?", denke ich mir. Die Wäsche wäscht sich nicht von selbst. Die Staubmäuse kann ich auch nur eine Zeit lang ignorieren, bis sie irgendwann eine Armee gründen und unser Revier übernehmen. Und meine Kinder werden auch weiterhin ihren Kleinkram in der ganzen Wohnung verteilen. Wie kann ich das Leben da langsamer angehen lassen? Alles, was ich gern abgeben würde – Wäschewaschen, Putzen und Kochen –, kann ich keinem übergeben. Also bleibt nur der ehrenamtliche Bereich, den ich abgeben könnte ...

Und bei diesem Thema überkommt mich Panik. Wenn ich meinen Dienst am Nächsten beende, was habe ich dann noch, um Gott zu beeindrucken? Mein gesamter Wert liegt doch darin, mich für andere aufzuopfern. Je mehr ich mich anderen zuwende, desto mehr müsste Gott mich doch wertschätzen und mir seine Anerkennung schenken. Auch wenn ich im Kopf weiß, dass das nicht stimmt, waren genau das meine inneren Antreiber und unterbewussten Überzeugungen, wie ich jetzt schmerzlich feststellen muss. Und wenn ich nun ganz ehrlich zu mir bin, wird mir auch klar, dass die Realität ganz anders aussieht: Mein Dienen und meine „guten Werke" haben mich Gott kein Stückchen nähergebracht. Ganz im Gegenteil: Sie haben eine Kluft zwischen mir und ihm entstehen lassen – wie jene zwischen einem überarbeiteten Arbeitnehmer und seinem strengen Chef, dem man es doch nie rechtmachen kann.

Als mir das bewusst wird, falle ich in ein großes und tiefes Loch. Wenn Menschen früher von einer Identitätskrise sprachen, konnte ich mir darunter nie etwas vorstellen. Von welcher Identität redeten sie bitte? Wo lag ihr Problem? Nun erkenne ich das Problem, das entsteht, wenn die eigene Identität in den Grundfesten erschüttert wurde und man sich fühlt, als ob man gar keine Identität hätte. Bis auf meine Aufopferungsbereitschaft weiß ich nicht einmal, was mich als Person ausmacht und von anderen unterscheidet. Das, was meine Identität all die Jahre ausgemacht hat, rinnt mir durch die Finger. Ich verliere meinen Halt und meinen Anker. Es ist ein unsagbar schlimmes Gefühl, sich hilflos und verloren zu fühlen, ohne sich irgendwo festhalten zu können. In meinen Augen habe ich nichts an mir, was Gott interessieren, geschweige denn wertvoll finden könnte.

Während um mich herum in meinem Krankenhauszimmer Stille herrscht, entwickelt sich in meinen Gedanken einer der größten Stürme meines Lebens. Alles erscheint mir unlogisch. Ich hatte wirklich alles für Gott und meine Familie gegeben und lag jetzt einfach nur noch erschöpft in einem Krankenhausbett.

Nach sechs Tagen raffe ich mich auf und gehe zur Krankenhausseelsorge. Die Dame ist wie ein Wirbelwind, ziemlich hektisch, aber sie macht mir etwas deutlich: eine Wahrheit, die ich aus der Bibel kenne, aber nicht wahrhaben wollte: „Gott liebt dich ohne deine Werke. Er braucht dich nicht für sein Reich." Ein „Autsch" geht mir fast über die Lippen. „Er ist auf deine Hilfe nicht angewiesen", fährt sie fort, „im Vergleich zu dir bedeuten ihm deine Werke kaum etwas. Du hingegen bedeutest ihm alles. Sein einziger Wunsch ist, eine Beziehung mit dir zu führen."

Stille. Einatmen – Ausatmen ... Das ist natürlich ein Problem. Ich habe Gott in unserer Beziehung nichts zu geben. Was ich geben kann (Werke, Gehorsam), ist nicht das, was er sich in erster Linie von mir wünscht. Etwas anderes habe ich jedoch leider nicht. Was läuft in meinem Kopf verkehrt, dass ich der Wahrheit, Gott habe auch ohne all dies Interesse an mir, kaum Glauben schenken kann?

***

22 Jahre bin ich nun Christ und habe viele Predigten über Gottes Liebe gehört. „Gott liebt dich, Irene!" Diese Worte, die ich von klein auf in der Gemeinde gelehrt bekommen habe, wollen einfach nicht vom Kopf ins Herz rutschen. Das Wort „Liebe" hört sich nach all den Jahren noch immer fremd an. Ich kann mit dieser Liebe Gottes nichts, aber auch gar nichts anfangen. Still liege ich im Bett und mich überkommt eine tiefe Traurigkeit. Eine Traurigkeit darüber, dass ich Gottes Nähe nicht spüre und von dieser Liebe immer noch keine Ahnung habe.

Nichts wünsche ich mir sehnlicher, als Gottes Gegenwart zu spüren. Das Interessante ist, dass ich mich ihm recht nahe fühlte, solange ich fleißig für den Herrn arbeitete. Ich fühlte mich mit meinem „himmlischen Arbeitgeber" verbunden, weil ich ihn ja beeindrucken wollte. Schnell werden das Bibellesen, Beten und der Dienst zum Nächsten zu einer „religiösen" Tätigkeit. Der Gedanke „Gott wird stolz auf dich sein" spornte mich enorm an.

Nun bin ich aber durch den Krankenhausaufenthalt gezwungen, mit dem fleißigen Dienen aufzuhören und in mich hineinzuhören. Und ich spüre nur eine tiefe Leere. Mein Eifern hat mich betrogen und mir die Nähe Gottes vorgetäuscht. Das Dienen und das Streben haben mich weit weg vom Frieden gebracht. Im religiösen Eifern „opfert" man Gott Zeit, Geld und seine Arbeit, aber nicht das, was Gott sich am meisten wünscht: sein Herz. Dabei ist es das Einzige, woran Gott wirklich Interesse hat: dass unser Herz sein Herz kennenlernt und wir eine Beziehung zu ihm eingehen. Von Herz zu Herz.

Schaue ich mir meine Beziehung zu Gott genauer an, so muss ich feststellen, dass, sosehr ich ihn auch liebe und Sehnsucht nach ihm habe, ich mich von ihm auch verlassen und ignoriert fühle. Alles, was ich spüre, ist Einsamkeit, tiefe Einsamkeit.

Als ich so daliege, stelle ich mir vor, wie die Geschichte meines Lebens in einem Buch aufgezeichnet ist. Verraten wie ich mich in diesem Moment fühle, habe ich den Eindruck, dass Gott mir soeben die für mich wichtigsten Seiten meines Lebensbuches herausgerissen hat.

In all dem Kummer keimt in mir aber auch die Hoffnung auf, dass meine Geschichte noch nicht zu Ende erzählt ist. Es hat alles irgendwie miteinander zu tun. Es scheint, als würde ich in meinem Leben vor einem Scherbenhaufen stehen, der mich zum Stillstand zwingt. Als würde Gott mich an die Hand nehmen und mir sagen: „Hier, Irene, ist unsere nächste Baustelle. Für deine Genesung müssen wir uns gemeinsam ans Werk machen. Deine schlechten Erfahrungen in deiner Vergangenheit haben noch bis heute Auswirkungen auf dein Verhalten."

In die Stille hinein flüstert Gott mir seinen Zuspruch ins Herz: „Du, Irene, bist durch und durch geliebt. Du bist mein Kind und wirst es immer bleiben. Nichts kann dich von meiner Liebe trennen" (vgl. Röm 8,39; Jer 31,3).

In der zweiten Woche komme ich endlich innerlich zur Ruhe und spüre etwas: „Einatmen – ausatmen – sein"! Mehr möchte Gott nicht von mir. Ich soll mich einfach von ihm lieben lassen.

Im Hier und Jetzt anwesend zu sein, das bedeutet in der Gegenwart zu leben. Wie oft habe ich am Jetzt vorbeigelebt. Mit Listen für morgen und Sorgen für übermorgen. Ich möchte mein Leben nicht mehr im Hamsterrad verbringen und mir meinen Wert aus dem aufopfernden Dienen holen. Ich möchte meinen Wert in Gott finden – was auch immer das konkret bedeutet. Was macht mich aus; was ist meine wahre Identität? Wie schaffe ich es, im Hier und Jetzt anzukommen und in Gottes Gegenwart neu aufzublühen?

„Herr, was muss ich in meinem Alltag und an mir ändern, um deine Liebe wirklich zu erfahren und deine Gegenwart einfach genießen zu können?" Alles in mir ist bereit, das herauszufinden. Ich möchte Gott beim Wort nehmen und verlasse ein paar Tage später das Krankenhaus mit einer neuen Mission.

Einatmen – ausatmen – sein.
Sich einfach vom Vater lieben lassen
und seine Gegenwart finden.

Vorwort

Wenn ich heute, über zwei Jahre später, auf das erste Jahr nach meinem Krankenhausaufenthalt zurückblicke, so war es eine schwere, langatmige, aber auch schöne Zeit. Besonders die ersten drei Monate empfand ich als sehr herausfordernd. Das schlechte Gewissen trieb mich ständig an: Nun mussten die Mitarbeiter in der Gemeinde auch noch meine Aufgaben übernehmen. Um ein Treffen fragenden Freunden musste ich absagen, da die Woche doch schon zu voll war. Am schwersten war es, die stummen Hilfsanfragen, die ich überall zu hören glaubte, zu ignorieren. Doch ich lernte Schritt für Schritt zu sein, ohne zu leisten.

Da ich noch krankgeschrieben war, hatte ich sogar die Vormittage für mich allein. Eine herrliche Stille umgab mich. Ich lag gefühlt stundenlang einfach nur da und starrte die Decke an. Ich suchte die Ruhe und Stille, in der Gott mich finden konnte. Mein Körper war endlich zur Ruhe gekommen und es kamen viele Fragen auf.

Das erste große Thema, mit dem ich mich beschäftigte, war der scheinbar allgegenwärtige Stress in unserer Zeit. Warum wirken so viele Menschen immer so getrieben und gestresst? Warum verfalle auch ich selbst immer wieder in diesen stressenden Aktionismus? Überall dort, wo Jesus Gemeinschaft mit Menschen suchte, verbreitete er Ruhe und Frieden. Wenn man Jesus Christus auf der Grundlage der Bibel Begriffe zuordnen möchte, so wären drei davon auf jeden Fall: Ruhe, Liebe, Frieden (zum Beispiel in Lukas 4,30 und Lukas 7,13). Wenn man mir Begriffe zuordnen müsste, so wären es diese: Produktivität, Stress und Aktivität.

Ich bin davon überzeugt, wenn Jesus in unserer heutigen schnelllebigen Zeit gelebt hätte, dann hätte er trotzdem eine göttliche Ruhe und einen tiefen Frieden ausgestrahlt. Er ließ sich nie von den ihn umgebenden Umständen hetzen. Wir Menschen scheinen dagegen Sklaven unserer eigenen Zeit zu sein. Das Motto unserer Gesellschaft lautet: Höher – schneller – weiter!

Was bringt uns jedoch die Beförderung, wenn wir unsere Kinder und Freunde kaum noch sehen? Was bringt uns das Geld, wenn wir doch nie zufriedenzustellen sind? Der Standard, den wir uns gönnen, scheint keine Grenze nach oben zu haben. Und was bringen uns all die Ehrenämter, wenn wir uns am Ende nur noch leer und ausgelaugt fühlen? Was bringt uns der Stress ums saubere Haus, wenn der Haussegen schiefhängt, weil die Mutter ständig erschöpft und genervt ist?

Anstelle innezuhalten und uns mit weniger Geld, Anerkennung und einem geringeren Lebensstandard zu begnügen, um dafür mehr Zeit und Ruhe zu gewinnen, hetzen wir einfach weiter zum nächsten „Verdienstgrad".

Sogar zu Zeiten Jesu, die ich mir im Vergleich zur heutigen Zeit zugegebenermaßen oft romantisierend als beschaulich und ruhig vorstelle, war es nötig, die Menschen zu ermutigen:

„Kommt alle her zu mir, die ihr euch abmüht und unter eurer Last leidet! Ich werde euch Ruhe geben" (Mt 11,28).

Um wie viel mehr spricht Gott diese Sätze in unseren heutigen Alltag hinein?

„Bei mir findet ihr Ruhe! Ihr, die ihr zur Arbeit hetzt, die ihr eure Kinder antreibt, um alle pünktlich aus dem Haus zu bekommen.

Bei mir findet ihr Ruhe, ihr, die ihr eure Nachmittage mit Aktivitäten und Hobbys vollgepackt habt.

Bei mir findet ihr Ruhe, ihr Mütter, die ihr kein Ende bei den Hausarbeiten seht.

Bei mir findet ihr Ruhe."

Wir brauchen diese Ruhe dringender denn je. Und ich rede nicht

nur von gestressten Eltern, sondern auch von Kindern und Jugendlichen, die durch Nachmittagstermine und Schulleistungsdruck
nicht mehr zur Ruhe kommen können, weil es wirklich für jeden
Einzelnen eine Kunst zu sein scheint, Ruhe zu suchen und zu finden. Eigentlich ist es logisch, dass die Hektik dieser Zeit uns taub
für Gottes spürbare Gegenwart macht. Sie lässt sich nicht einfach
wie einen Radiosender oder ein YouTube-Video einschalten, während wir unsere ganzen Aufgaben erledigen. Wie auch? – Wenn wir
schon in unserer To-do-Listen-Hektik Augen und Ohren für unseren Mitmenschen verschließen, um wie viel mehr gilt dies für Gott,
den wir nicht einmal sehen können?

* * *

Wenn ich heute auf mein hektisches Leben zurückschaue, dann
stelle ich mir vor, wie Gott meine Rastlosigkeit geduldig ertrug und
wie er meinen blinden Aktionismus als das durchschaute, was er
wirklich war, nämlich ein Produkt meiner Angst, Gottes Ansprü-
chen nicht zu genügen. Auch wenn Gott mich niemals verließ, war
ich ihm in all den Jahren dennoch nie wirklich nah.

Wie schaffen wir es, die Hektik hinter uns zu lassen und im Sein
anzukommen?

Mein Hamsterrad wurde damals von Gott schlagartig gestoppt.
Dafür bin ich ihm heute sehr dankbar. Ich glaube, dass ich die Geschwindigkeit meines Lebens nicht von allein hätte drosseln können.

Auch wenn man versucht, ein ausbalanciertes Leben zu führen,
gibt es immer noch genug kräftezehrende Dinge, die einen in Trab
halten. Jeden Tag wartet eine neue Überraschung auf uns. Kein
Tag verläuft wie der andere. In alledem müsste uns doch bewusst
sein, dass Gott uns seinen tiefen Frieden versprochen hat (vgl. Joh
14,27). Und doch fühlen wir uns ruhe- und rastlos. Wo ist uns dieser

Frieden verloren gegangen? Weswegen spüren wir ihn kaum? Wir durchleben so viele Gefühle am Tag: Ängste, Sorgen, Wut, Freude, Liebe, Stress, Unruhe, aber nur sehr selten Gottes versprochenen Frieden. Dabei müsste dieser doch tief in uns ruhen.

Die Überlegung, dass wir einem vollen Terminkalender hinterherhetzen, kann ja nicht der alleinige Grund dafür sein, dass es so viele erschöpfte Christen gibt. Wir stehen nun einmal mitten im Leben, ob als Mutter, Arbeitnehmerin, Ehefrau oder Single. Manchmal geht das Leben nun einmal seinen Gang und wir können es nur schwer bremsen. Wie schaffen wir es, trotz eines turbulenten Alltags im Bewusstsein der Gegenwart Gottes zu leben und seinen Frieden in uns zu spüren? Manche Christen geben sich die größte Mühe, gut zu leben und Gott nahezukommen – nur um zu bemerken, dass sie aus eigener Kraft nichts erreichen und am Ende leer und erschöpft zurückbleiben. Wo aber ist die machtvolle Kraft des Heiligen Geistes, die Jesus uns versprochen hat, geblieben? Wo bleibt der versprochene Frieden in uns?

Aus Gesprächen heraus wusste ich, dass viele Christen diese Fragen für mich nicht befriedigend beantworten konnten. Also machte ich mich auf meinen eigenen Weg. Ich begann, mich selbst, meine Umgebung und meine Mitmenschen genauer zu beobachten, und stellte mir viele Fragen. Was genau raubt uns die meiste Kraft und Energie im Alltag? Warum sind wir so oft genervt und unzufrieden, obwohl wir alles zu haben scheinen? Warum strahlen so viele Christen eine negative, verbitterte und freudlose Haltung aus? Warum erleben viele Christen kaum noch die spürbare Gegenwart Gottes? Und wo ist diese eigentlich zu finden? Nur in der Ruhe oder auch in einer lauten, bunten Großfamilie?

***

Für mich fühlte sich mein Leben jahrelang wie ein Kampf an. Und ich glaube, es geht vielen Frauen so. Jeden Tag steigen wir in unsere Kampfarenen und versuchen, den Anforderungen des Alltags gerecht zu werden. Denn das scheint nun einmal das Leben von uns zu erwarten. Wenn ich mich in meinem Bekanntenkreis umschaue, dann habe ich das Gefühl, dass für viele Frauen der Gedanke an ein Leben in tiefem Frieden eine Wunschvorstellung ist. Was da an Kämpfen mit Gefühlen der Wut, Depression und Ohnmacht angesichts der vielen Sorgen ausgestanden wird, zeigt eine ganz andere Realität.

Wo ist der todüberwindende Glaube, der einen Paulus über die Auferstehungshoffnung schreiben lässt: „Aber Dank sei Gott! Er schenkt uns den Sieg durch Jesus Christus, unseren Herrn!" (1. Kor 15,57)? Wenn Glaube die Kraft hat, Todesängste, ja sogar den Tod selbst zu überwinden, wie kommt es dann, dass dieser Glaube uns scheinbar nicht in unseren alltäglichen Kämpfen zum Sieg verhilft?

Mir ist seit meiner erzwungenen Ruhepause klar geworden, dass unser Gottesbild und unser Selbstbild eine zentrale, wenn nicht sogar die wichtigste Rolle in unserem Glaubensleben spielen. Unsere Denkweise, unser Handeln, ja sogar unser Reden spiegeln unbewusst unser Gottesbild wider.

Meine Beobachtungen dazu habe ich gesammelt, studiert und in den folgenden Kapiteln niedergeschrieben. Dabei sind mir vor allem Themen wie unsere Identität als Königstocher, wahre Vergebung, Gebet und Reden Gottes, die Macht unserer Worte und die Bedeutung tiefer Dankbarkeit besonders wichtig geworden, da sie wie keine anderen unsere Alltagskämpfe und die Unruhe in uns selbst befrieden können.

So decke ich in diesem Buch Fallen, Fluchtmöglichkeiten und angewöhnte Routinen auf, derer wir uns oft bedienen. Doch im Gegenzug zeige ich auch zahlreiche Möglichkeiten auf, wie wir unser

Denken und unser Handeln so weit verändern können, dass jeder Einzelne in der Lage ist, am Ende des Tages mit einem entspannten und triumphierenden Lächeln sagen zu können: „Gott, wir zwei haben heute den Tag siegreich gemeistert."

Die Gegenwart und der Friede Gottes sind tatsächlich im Alltag zu finden. Gott führte mich vom Raten zum Begreifen. Mit diesem Buch nehme ich dich mit auf eine Abenteuerreise, die mein Leben von Grund auf verändert hat. Eine Lebensreise, die einer Religion den Rücken kehrt und einen lebendigen Gott findet. Eine Lebensreise, die zeigt, dass alte Verletzungen oftmals mehr als nur ein Gebet brauchen, aber dass innere Heilung in jeglicher Lage zu finden ist. Jedes Kapitel beinhaltet ein Stück meiner persönlichen Geschichte, angefangen von meiner Kindheit bis hin zu dem langen Weg der Heilung. Obwohl Gott bereits seit 38 Jahren mit mir unterwegs ist und tagtäglich an mir arbeitet, durfte ich erst in den letzten zwei Jahren Stück für Stück meinen wahren Wert erkennen und annehmen: Ich bin durch und durch eine Königstochter! Es war ein Weg, der über Jahre gedauert hat und den ich noch immer gehe. Ich werde ihn mein ganzes Leben lang weitergehen. Schritt für Schritt werde ich immer mehr lernen, begreifen und näher zu Gott hinwachsen. Aber ich lebe heute bewusster, geliebter und gelassener. Vor allem jedoch habe ich Gottes Verheißung ergriffen und werde sie nie wieder loslassen: „Irene, als meine geliebte Tochter stehst du immer auf der Siegerseite des Lebens!"

Kapitel 1
Befreie dich von deiner falschen Glaubenslast –
und entdecke die beflügelnde Wahrheit

Manches fängt klein an,
manches beginnt groß.
Aber manchmal ist das Kleinste
das Größte.

– Unbekannt –

1.1 Als Königstochter geboren – Finde deine wahre Identität

Jeder von uns wurde in einem Augenblick der perfekten Liebe erschaffen. Als Gott sich dich vorstellte, da empfand er schon eine unaussprechliche Liebe zu dir. Er hat dich mit einer Geduld und Genauigkeit geformt, die du dir kaum vorstellen kannst. Er nahm sich alle Zeit der Welt, um dein Aussehen zu formen und deinen Charakter und deine Vorlieben in dich hineinzulegen. Jedes Detail war ein genialer Gedanke Gottes. Und dann verfolgte er täglich dein Entstehen im Bauch deiner Mutter.

Vielleicht waren die irdischen Umstände deiner Zeugung dramatisch und nicht von Liebe bestimmt, aber der Moment deines Entstehens war es nicht. Du warst umgeben von purer Liebe. Wenn ich mir heute meine Geburt vorstelle, dann sehe ich, wie Gott mich in dieser Welt empfängt und mich an sich drückt. Gott, mein Schöpfer und Vater, hat keinen Augenblick seine Augen von mir gelassen. Und genauso wenig von dir. Wir wurden als Königstöchter erschaffen. Unsere ganze Identität gründet sich auf dieser reinen, überwältigenden Liebe unseres Vaters.

Nachdem er uns mit einem Mantel der Liebe umgeben hatte, übergab er uns unseren Müttern und Vätern. Wir wurden unseren Eltern für eine begrenzte Zeit, für die Dauer unseres irdischen Daseins, anvertraut. Doch unsere Eltern sind selbst nur alt gewordene Kinder, die selbst Kinder bekommen haben. Und sie tragen ihre eigenen Verletzungen und Fehler. Und mit diesen Verletzungen und Fehlern haben sie uns zu Teenagern erzogen. Dabei geriet unsere himmlische Identität immer mehr in Vergessenheit und unsere irdischen Eltern prägten unser Selbstbild. Ein Selbstbild, das auf Fehlern, Verletzungen, Schmerz und menschlicher Mangelhaftigkeit aufgebaut wurde.

Durch das Verkennen unserer himmlischen Identität verloren wir einen wichtigen Teil von uns selbst. Wir wurden zu Halbwaisen, die – ohne es zu wissen – ihren himmlischen Vater schmerzlich vermissen. Viele Menschen merken, dass etwas nicht stimmt, können aber nicht in Worte fassen, was es ist. Und an dieser Stelle stehen viele von uns heute noch: mitten im Leben, mit einer verlorenen Identität. Sie leben vor sich hin, konzentriert auf ihr irdisches Dasein und fühlen dabei eine tiefe Einsamkeit in sich.

Einige suchen ab und zu den Kontakt zu Gott. Und manche führen eine enge und innige Beziehung mit ihrem Ursprungsvater. Er, unser himmlischer Vater, Schöpfer und Identitätsgeber, verlor uns keinen einzigen Tag aus den Augen. Er hat in seiner Vaterliebe keinen Augenblick unseres Lebens versäumt. Er sieht, dass einige seiner Töchter leben, um einfach nur zu überleben. Sie haben schon längst aufgehört zu hoffen. Die anderen rennen von einer Aktivität zur nächsten und versuchen, sich abzulenken, um die Leere in sich nicht fühlen zu müssen. Andere Töchter, wie ich eine war, stehen stramm und gehorsam vor ihm und eifern nach Anerkennung.

***

Meine Eltern erzogen mich nach „alter Schule": „Falle nicht auf, gehorche, widersprich nicht." Und eine besondere Weisheit meiner Eltern lautete: „Keine Kritik ist Lob genug." Bedingungslose Liebe kannte ich nicht. Das Kind mit Liebe zu überhäufen, hätte für sie bedeutet, sein Kind zum Stolz zu erziehen – und Stolz ist eine Sünde. Mit guten Taten konnte ich mir jedoch das Wohlwollen meiner Eltern verdienen. Keine Kritik zu erhalten war gleichzusetzen mit Zuneigung erfahren. Also habe ich als Kind kombiniert und wusste: Gehorsam sein + meinen Eltern keine Probleme bereiten + gute Taten vollbringen = Liebe. Über die Jahre hinweg verinnerlichte ich dieses Prinzip und wurde wirklich gut darin, es zu befolgen, war es doch in unserer Familiendynamik bestechend logisch und einfach.

Eine solche Dynamik förderte aber eine Atmosphäre, in der ich für das Mitteilen der eigenen Gefühle von Sorgen, Angst und Unmut keine offenen Ohren zu erwarten brauchte. Also schleppte ich alle meine Sorgen und Erlebnisse mit mir herum. Wem, wenn nicht mal meinen Eltern, hätte ich auch sonst erzählen sollen, dass mein Großvater sich an mir vergriff? Dass er sich Freiheiten herausnahm, die mich als Kind sehr verwirrten und abstießen?

Als Kind möchte man sich geliebt, geborgen und angenommen fühlen. Das ist die oberste Priorität. So ertrug ich auch die sexuellen Übergriffe lieber, als von meinem Peiniger abgelehnt zu werden. Mein Instinkt sagte mir, dass meine Eltern davon nichts erfahren durften. Ich hätte es noch nicht einmal benennen können, was mit mir passierte, denn Sexualität und Missbrauch waren Tabuthemen in meinem christlichen Umfeld. Und so zog sich der Missbrauch bis zu meinem 12. Lebensjahr hin. Danach packte ich alle meine negativen Erfahrungen in einen Karton und stellte ihn in den Keller meiner Seele ab.

Erst Jahre später öffnete ich die „Büchse der Pandora" und wurde dann von einer Welle selbstzerstörerischer Gefühle überflutet. Die „Aufräumarbeiten", um die erfahrenen seelischen Schäden zu beheben, sollten sich über Jahre hinziehen.

***

Als Teenager hatte ich mich schon oft darüber gewundert, warum Depressionen und Todessehnsüchte einen so großen Teil meines Gefühlslebens ausmachten.

Ich erinnere mich, wie ich unter meiner Bettdecke laute Technomusik hörte, wenn diese Gefühle wieder einmal über mich kamen. Die Musik ließ jede Faser meines Körpers vibrieren und ich fühlte wieder etwas Leben in mir. Als ich Jahre später auf die Bibelschule kam, wurde das Thema sexueller Missbrauch kurz im Seelsorgeunterricht behandelt. Eine Mitschülerin erzählte, dass ihre Schwester von ihrem Stiefvater missbraucht worden wäre, und mein erster Gedanke war: „Sie soll sich mal nicht so anstellen. So schlimm kann es ja nicht gewesen sein."

Erschreckenderweise schien der Satz „Es war ja nicht so schlimm" die Überschrift meines bisherigen Lebens gewesen zu sein. Für mich hatte immer festgestanden, dass ich mich selbst nicht so ernst nehmen durfte. Sich „zusammenzureißen" und „einfach drüberzustehen", wurde schließlich von mir als Christin erwartet, oder etwa nicht? Auf Anraten einer Lehrerin der Bibelschule nahm ich mit 20 Jahren zum ersten Mal Therapiestunden. In den ersten sechs Monaten befassten wir uns ausschließlich mit der eigenen Wahrnehmung meiner Vergangenheit und meinen Überzeugungen: „Es war eigentlich gar nicht so schlimm. Ich bin schließlich noch bei Gott. Ich liebe ihn und er mich, und sollte doch noch etwas im Argen sein, dann bete ich mich davon einfach frei."

Irgendwann begriff ich, dass ich den Satz „Es war nicht so schlimm" all die Jahre gebraucht hatte, um nicht das ansehen zu müssen, was der Missbrauch in meiner Kindheit wirklich in mir angerichtet hatte: dass das Vergehen an meinem Körper Wellen der Zerstörung in meiner Seele hinterlassen hatte, unter denen ich noch immer litt. Dass ich das Schlagen dieser Wellen damals noch gar nicht richtig wahrnehmen konnte, lag daran, dass ich alle mit dem Missbrauch verbundenen Gefühle bis dato unter Verschluss gehalten hatte.

Mein himmlischer Vater sah mich schon damals mit meinem verdrängten Schmerz und zwang sich mir nicht auf. In all diesen Jahren habe ich Gott nur mit sicherem Abstand aufgesucht, ihm treu meinen Gehorsam und meine Werke gebracht. Ich versuchte ihn, wie schon zuvor meine Eltern, mit meinen Problemen zu verschonen. Und während ich da stramm und gehorsam vor seinem Thron stand, sah ich immer wieder, wie einzelne Königstöchter an mir vorbeirannten, hin zu ihrem himmlischen Vater, und vertrauensvoll auf seinen Schoß kletterten, um ihm ihr Herz auszuschütten. Tief im Herzen hatte ich auch genau diese Sehnsucht. Tief im Herzen ahnte ich, was Gottes Ursprungsgedanke für mich war, nämlich eine vertraute und liebevolle Vater-Tochter-Beziehung mit ihm zu haben, in der ich meinen himmlischen Vater „Daddy-Papa" nennen kann.

***

Wie geht es dir? Welche dieser Beschreibungen trifft auf dich zu? Stehst du stramm? Schaust du aus der Ferne zu, oder bist du eine der wenigen, die sich darauf freut, in Gottes Gegenwart zu kommen? Lächelst du wissend, weil du die Liebe Gottes tief in dir spürst? Oder runzelst du die Stirn, weil du mit Gottes Vaterliebe kaum etwas anfangen kannst?

Klar, jeder Christ weiß um die Liebe Gottes. Das gehört zum Christsein wie die Milch zum Baby. Aber hast du diese „Milch" auch wirklich genussvoll zu dir genommen? Hast du das Wissen um Gottes Liebe tief in dir verinnerlicht und für dich persönlich als Wahrheit akzeptiert? Sprichst du nur von der Liebe Gottes oder ist sie schon deine Lebenskraft, aus der alles fließt?

Ich habe 38 Jahre gebraucht, um endlich praktisch zu begreifen, dass Gottes pure, reine Liebe tatsächlich mir gilt. Und von diesen 38 Jahren war ich immerhin 22 Jahre eine überzeugte, wiedergeborene und eifrige Christin. Ich habe die Bibel studiert, ging auf eine Bibelschule und meine Wohnung hing voll mit Karten, auf denen mir Gottes Liebe zugesprochen wurde.

Und doch wollte mir diese Tatsache einfach nicht ins Herz rutschen. Gottes Liebe konnte ich nicht fassen. Sie blieb nur ein Wort. Es war zum Verzweifeln.

Die Bibel ist voller Zusagen, die Gott uns gibt: „Ich habe dich schon immer geliebt" (Jer 31,3; NL) ist nur eine davon. Und in all den Jahren hat mich diese Wahrheit nicht persönlich angesprochen. Sie hat mein Herz nicht berührt.

Es ist ein großer Unterschied, ob du in der tiefen Gewissheit bewusst erfahrener Liebe lebst oder ob du dir diese Wahrheit immer wieder einreden und du dich bemühen musst, so zu leben, als ob Gottes Liebe durch dich wirkt. Ich habe Letzteres getan. Mit viel Mühe habe ich versucht, mich als einen von Gott geliebten Menschen zu begreifen, und mir Gottes Interesse an mir eingeredet. Dabei schien es, als würden die Christen um mich herum Gottes Liebe ganz selbstverständlich spüren und nur ab und zu einmal an ihr zweifeln. Doch nach und nach traf ich auf Frauen, denen es nicht so ging und die sich, genau wie ich, tief im Inneren eben nicht durch und durch geliebt fühlten. Die sich oft allein und wertlos fühlten. Es fällt vielen Menschen, besonders Frauen, schwer zu glauben, dass Gott beim Anblick seiner Kinder strahlt und von Stolz und Liebe ergriffen ist.

Ist das nicht traurig – wo wir als Kinder Gottes die ungeteilte Liebe zugesprochen bekommen haben? Wir haben das Recht, mit erhobenem Haupt und einem Strahlen im Gesicht durch den Alltag zu gehen, zu lachen und voller Dankbarkeit das Leben zu genießen! Denn was könnte es Größeres geben, als einen Daddy zum König zu haben, der hinter einem steht und …

uns mit seinem Schutz umgibt (vgl. Ps 139,5),

uns durch und durch liebt (vgl. Jer 31,3),

alle unsere Sorgen trägt (vgl. 1. Petr 5,7),

jede einzelne unserer Tränen sammelt (vgl. Ps 56,9),

uns einen persönlichen Engel schickt, der uns beschützt (vgl. 91,11–12),

wie eine Henne seine schützenden Flügel um uns Küken legt (vgl. Ps 91,4),

uns vom ewigen Tod erlöst hat (vgl. Hebr 7,25),

der all seine Liebe in uns ausgegossen hat (vgl. Röm 5,5)

und ein so starkes Liebesband um uns geschlossen hat,
dass nichts und niemand uns von der Liebe unseres Vaters
trennen kann (vgl. Röm 8, 38)?
Gott, unser Vater, steht neben uns und umhüllt uns
mit seiner Liebe.
Gott sieht voller Liebe auf uns.
Die Frage ist: Wie ist *deine* Sicht auf Gott?

1.2 Hand aufs Herz: Wie siehst du Gott wirklich?

In der Zeit meiner Identitätssuche, nachdem ich frisch aus dem
Krankenhaus gekommen war, schlug ich ein Buch von Joseph
Prince auf und wurde sofort von den ersten Zeilen angesprochen.

Dort stand: „Wie siehst du Gott? Es ist sehr wichtig, wie du Gott
siehst, denn wenn das Leben schwierig wird, wird deine Sicht von
Gott sich auf deinen Glauben auswirken und darauf, wie du von ihm
empfängst. [...] Weißt du, wie du Gott wahrnimmst, wird die Qualität deiner Beziehung zu ihm bestimmen, und das wiederum wird
sich auf alles andere auswirken."[1]

Was für eine tiefe Wahrheit! Wie siehst du nun Gott? Ich meine
nicht, wie dein Verstand Gott sieht und was du alles über ihn weißt,
sondern was dein Herz über deinen Papa fühlt. Manche sagen, Gott
sei entweder machtlos oder herzlos, wenn er so viel Leid in der Welt
zulässt. Andere wiederum gehen davon aus, dass Gott selbst ihnen
Leid und Krankheit auferlegt hat und sie vielleicht sogar damit für
ihre Sünden straft. Ist Gott streng und vergeltend? Erwartest du,
dass er dich jederzeit zur Rechenschaft ziehen könnte? Vielleicht ist
dein Gott auch einfach nur ein undefinierbares, allmächtiges Wesen, eine unpersönliche Macht, mit der du dich noch gar nicht so
richtig befasst hast?

---

1   Joseph Prince: Dein Wunder liegt in deinem Mund. German Edition, 1. Auflage 2016,
     2015 Grace today Verlag, Schotten, S. 1.

Eines Nachmittags fuhr ich mit dem Auto und betete im Stillen für Freunde und Bekannte. Während des Betens kam mir ein persönliches Gebetsanliegen in den Sinn, doch augenblicklich verwarf ich den Gedanken wieder, auch dafür zu beten. Und just in diesem Moment fragte mich die Stimme meines Herzens: „Warum hast du es verworfen? Was denkst du eigentlich wirklich über deinen Gott?" Meine Tränen begannen zu fließen, und zum ersten Mal sprach ich laut das aus, was ich schon lange dachte: „Gott, dir liegen alle Menschen am Herzen, nur mich ignorierst du. An mir hast du kein Interesse."

Ja, tief in meinem Herzen habe ich genau das geglaubt, es aber nie laut ausgesprochen. Der Heilige Geist hat mir in diesem Moment eine tiefe Wunde in mir gezeigt, und erst ab diesem Augenblick konnte diese Verletzung beginnen, Stück für Stück zu heilen. Daher bitte ich auch dich: Schau dir dein Gottesbild an und sprich laut aus, was du diesbezüglich fühlst. Trau dich, vielleicht zum ersten Mal in deinem Leben, Gott die Wahrheit ins Gesicht zu sagen. Glaub mir, er verträgt sie.

**

Unser Gottesbild setzt sich in der frühesten Kindheit zusammen. Die Eltern vermitteln das Grundlebensverständnis (bzw. das Urvertrauen) an ihre Kinder. Die Erfahrungen, die wir mit unseren Eltern in den ersten Jahren unseres Lebens machen, prägen unser ganzes Leben. Sind die Eltern ihren Kindern gegenüber zugeneigt und geben Sicherheit und Liebe, so können beim Kind eine lebensbejahende Grundeinstellung und eine positive Vorstellung von einem liebenden Gott entstehen. Hat das Kind laute, gewalttätige oder sehr strenge Eltern, so steht es dem Leben angstvoll, skeptisch oder ablehnend gegenüber.

Unser Blick auf Gott ist also geprägt sowohl von unseren schweren als auch von schönen Erfahrungen, die wir in der Kindheit sammeln mussten beziehungsweise durften und die sich tief in unsere Seele eingebrannt haben. Besonders der Vater nimmt eine gravierende Rolle im Leben heranwachsender Kinder ein, da er mit seinem Verhalten das Vater- und Männerbild der Kinder entscheidend prägt – und eben auch ihr Gottesbild. So wird Gott uns von Anfang an als eine väterliche Figur verständlich gemacht.

Töchter, die vom Vater geliebt, geachtet und ermutigt wurden, haben es leichter, Gott als ein persönliches, väterliches Gegenüber zu sehen, das ihnen mit Liebe, Achtung und Wertschätzung begegnet. Töchter, die einen gleichgültigen oder abwesenden Vater hatten oder gar einen, der seine Macht missbrauchte, stehen in der Gefahr, Schicksalsschläge im Leben auf einen desinteressierten und unberechenbaren Gott zurückzuführen.

Es ist zu beobachten, wie unterschiedlich sich Frauen entwickeln und ihr Leben meistern, wenn sie einen liebenden Vater hinter sich stehen haben, der seiner Tochter ihre Schönheit, ihren Wert und ihre Würde gezeigt hat, die sie tief in sich trägt. Gehemmt werden Frauen in ihrer Entwicklung und Entfaltung hingegen, wenn ihre Väter ihnen gegenüber nicht ein einziges positives Wort entgegenbringen konnten.

Egal, wie wir unseren eigenen Vater in der Kindheit erlebt haben, unser Bild von ihm hat unsere Sicht auf Gott und auf unseren eigenen Wert tief geprägt. Wichtig ist, dass wir uns dessen bewusstwerden und bereit sind, unser so entstandenes Gottesbild zu hinterfragen. Den Rest unseres Gottesbildes haben wir uns durch Beobachtungen, Erfahrungen, Erzählungen anderer Menschen und aus der Bibel zusammengetragen.

Mein Vater ist ein schweigsamer Mann. In meiner Kindheit war er selten zu Hause anzutreffen. Wie viele Männer seiner Generation, war auch mein Vater mit seinen Gefühlen sehr zurückhaltend. Er war großzügig und hilfsbereit und hat uns gut versorgt. Wir mussten uns selten Sorgen um irgendetwas machen, weil wir wussten: Er kümmert sich. Und doch sprach mein Vater eine komplett andere Liebessprache, als ich sie damals gebraucht hätte.

Dagegen übernahm eine andere männliche Bezugsperson eine dominante Rolle in meinem Leben. Es war mein Großvater, der sich nach außen hin gern als überzeugter Christ präsentierte, im Verborgenen aber seine Position als erwachsene Vertrauensperson missbrauchte und meine Kinderseele misshandelte.

Immer wieder bin ich in meinem Leben auf „Vorzeigechristen" und führende Leiter getroffen, die einer fanatischen Gesetzeserfüllung folgten und sich gleichzeitig immer mehr vom Herzen Gottes entfernten. Männer, die in ihren Gemeinden großartige Christen mimten, doch zu Hause ihre Frauen unterdrückten und demütigten und ihre Kinder schlugen. Ein harter, gesetzesliebender Christ, der das Gesetz über den Menschen stellt, richtet mehr Schaden in Seelen an als viele Nichtchristen es tun.

Anderen gegenüber zeigte sich auch mein Großvater als tiefgläubig und legte großen Wert auf die Einhaltung biblischer Gebote. Er ließ mich immer von seinem Missfallen wissen, wenn ich mich in seinen Augen nicht so verhielt, wie es nach seinem Bibelverständnis richtig gewesen wäre.

Mein schweigsamer, scheinbar desinteressierter Vater und mein grenzüberschreitender Großvater – diese beiden Männer prägten mein Gottesbild in meiner Kindheit. Ich schlussfolgerte damals: Gott hat an meinem Leid kein Interesse, wohl aber an meinem Gehorsam ihm gegenüber, denn besonders wichtig ist ihm die Einhaltung sämtlicher Gebote. Andererseits versorgt mich Gott wie mein eigener Vater ausreichend und gut; er segnet mich großzügig, doch schweigt dabei. Er scheint keinerlei Interesse an einer persönlichen Beziehung zu mir zu haben.

All diese Erlebnisse hatten dazu geführt, dass mein Glaubensleben von einer sehr monotonen und frustrierenden Beziehung mit Gott geprägt war. Mein zusammengesetztes Gottesbild entsprach nicht einmal annähernd Gottes wahrem Wesen. Ohne, dass mir dies in letzter Konsequenz bewusst gewesen wäre, raubte mir mein falsches Gottesbild den Segen einer liebevollen Beziehung zwischen ihm und mir, wie er sie sich für mich und sich immer schon erdacht hatte.

Falsche Gottesbilder ablegen – ganz praktisch
Kurz nachgedacht – tief eingetaucht

- Welches Gottesbild hat sich tief in dir eingeprägt? Schreibe alle Eigenschaften Gottes ehrlich nieder, die deinem Gottesbild entsprechen. Beachte dabei, dass unser Verstand in unserer Wahrnehmung meist über unser Herz dominiert. Unser Verstand kann vielleicht großartige Eigenschaften Gottes und die passenden Bibelverse aufzählen, doch das Herz, in dem unser wahrer Glaube sitzt, kann nur von seinen Erfahrungen berichten. Und diese entsprechen oftmals bei Weitem nicht unseren lieb gewonnenen Bibelstellen. Daher höre tief in dich hinein, und schreibe die Eigenschaften Gottes nieder, die *dein Herz* mit all seinen gesammelten Erfahrungen, kindlichen und kirchlichen Prägungen aufzählen würde. Schau dir danach die Eigenschaften in Ruhe an, und frage Gott, durch welche Erfahrungen der Same für diese Überzeugungen in dein Herz gelegt und später genährt wurde. Rede mit ihm darüber. Sich seinen verborgenen Herzensglauben einzugestehen, ist der erste und wichtigste Schritt zur Veränderung.

- Wenn du dir die Zeit nimmst und zur Ruhe kommst, möchte ich dich ermutigen, deine Augen zu schließen. Stell dir dich selbst als Kind vor. Jeder von uns hat noch etwas Kindliches in sich, und sei es auch nur die Sehnsucht nach einem unbeschwerten Leben. In der Psychologie geht man mittler-

weile sogar davon aus, dass jeder Mensch ein „inneres Kind"
hat, das sich auch im Erwachsenenalter noch „zu Wort melden"
kann, wenn es an positive oder negative Erfahrungen aus der
Kindheit erinnert wird. Nun stell dir vor, wie du dich als Kind
mit Jesus auf einer schönen, grünen Waldlichtung triffst, in
einem herrlichen Garten, auf einem majestätischen Berggipfel
oder gar auf einem Abenteuerspielplatz – wähle einfach einen
deiner Lieblingsorte. Dann lass dein Kind mit ihm agieren. Wie
du in deiner Vorstellung als Kind agierst, verrät dir viel über deine wahre Nähe oder eben auch deine Distanz gegenüber Jesus
und über deinen Grad an innerer Unbeschwertheit. Rede mit
Gott (zum Beispiel über dein Gottesbild, über deine Kindheits-
erlebnisse oder auch deine Zweifel), lache, schweige oder spiele
mit ihm. Tu, wonach auch immer dir als dieses kleine Kind ist.
Jesus wartet und liebt es, Zeit mit dir zu verbringen, denn auch
das „Kind in dir" ist ihm bestens bekannt und vertraut.

• Indem du dich durch diese Übung schutzbedürftig und ver-
letzlich wie ein Kind machst, kannst du versuchen, die Schutz-
mechanismen und die innerlichen Mauern, die du im Laufe
deines Lebens um deine wunden Punkte herum aufgebaut
hast, abzulegen und dich mit Jesus immer vertrauter zu machen. So kannst du den Heilungsprozess am Herzen Gottes beginnen. Denn ich durfte erkennen: Unser erwachsenes Herz
kann nicht heilen, wenn nicht zuvor die Wunden unseres Kin-
derherzens behandelt wurden. Und unser Herz braucht Zeit,
um zu heilen. Manchmal geht es schneller, manchmal dauert
es länger, weil die Verletzungen so tief sitzen. Doch egal, welches Bild du gerade noch von Gott hast, sei dir immer gewiss,
dass sich sein Bild von dir nie wandelt: Für ihn bist und bleibst
du seine geliebte Königstochter!

1.3 Von Herz zu Herz – Lerne, die göttliche Liebessprache kennen und überwinde deine „Sprachbarrieren"

Was wir wirklich glauben, bestimmt unser Leben und unsere Beziehung zu Gott. Wenn ich mich nicht wirklich geliebt, sondern nur beobachtet fühle, dann gehe ich nicht als Königskind, sondern als Aschenputtel durchs Leben. Wenn ich mich von Gott abgelehnt fühle, dann schmerzt das so tief, dass auch ich mich unweigerlich von ihm abwenden muss, oder aber ich bin so voller Neid auf die, die eine enge und offensichtlich viel erfüllendere Gottesbeziehung pflegen, dass ich mich von anderen Christen abkehre.

In meinem Fall war ich mir Gottes Desinteresse meinem Leid gegenüber so sicher, dass ich mich schon früh dazu entschied, den Schmerz einfach wegzulächeln und niemanden so wirklich an mein Innerstes heranzulassen. Fühlt man sich hingegen von Gott angenommen und geliebt, so wird man auch seinem Gegenüber offen und mit Liebe entgegentreten. Dein Glaube bestimmt nicht nur, wie du dich selbst siehst und wie du mit anderen Menschen umgehst, sondern auch dein Gebetsleben. Du wirst einen strengen Vater niemals um etwas bitten, was er dir abschlagen könnte. Einem liebenden Vater würdest du jedoch so lange in den Ohren liegen, bis er dir das gibt, was du UNBEDINGT brauchst.

Daher ist es so wichtig, dass wir uns bewusst machen, welches Bild wir von Gott haben, und dann anfangen, dieses Bild mit Gott gemeinsam stückweise zu ändern, zu korrigieren und zu erweitern. Es mag Menschen geben, die mit einem einzigen Gebet sowohl ihr Gottesbild als auch ihr Selbstbild korrigiert bekommen haben. Die über Nacht die Liebe Gottes in ihr Herz aufnehmen und tief in sich spüren konnten. Das gibt es durchaus. Leider sah mein Weg anders aus. Meine Gebete um die spürbare Liebe Gottes wurden nicht auf Knopfdruck beantwortet. Ich musste mich auf einen längeren Weg begeben.

Da in meiner Kindheit mehr Wert auf Gehorsam und Demut statt auf Liebe und Selbstvertrauen gelegt wurde, habe ich nicht gelernt, Gottes Sprache der Liebe zu verstehen. Ich habe gelernt, gehorsam zu sein und nicht zu widersprechen. Liebe um meiner selbst willen zu erfahren, war mir fremd. Und gerade diesen Gedanken „Gott liebt mich um meiner selbst willen" konnte ich selbst als erwachsene Frau nicht begreifen.

Meine Liebe zu meinen Kindern und zu meinem Mann konnte ich spüren, genießen, definieren und wahrhaftig leben. Aber die Liebe Gottes blieb für mich tatsächlich eine Art Fremdsprache, die ich nicht verstand.

Hin- und hergerissen von dem Unvermögen, Gottes Liebe für mich auch nur im Ansatz zu begreifen, suchte ich nach meinem Krankenhausaufenthalt eine mir empfohlene Seelsorgerin auf. Meine konkrete Frage war: „Wie kann ich Gottes Liebe hautnah erleben und sie tief in mir verankern? Wie kann ich Gottes Gegenwart spüren und eine lebendige Beziehung zu meinem himmlischen Vater aufbauen?" Nach einem längeren Gespräch gab mir die christliche Therapeutin und Seelsorgerin folgende Antwort: „Frau Sommer, Liebe ist tatsächlich eine Fremdsprache für Sie."

Ich sollte es mir in etwa so vorstellen: Ich sitze in einem Café und an sämtlichen Tischen um mich herum unterhalten sich die Besucher auf Japanisch. Da ich die Sprache nicht verstehe, schalte ich ab und höre gar nicht mehr hin. Sobald ich jedoch auf Deutsch angesprochen werde, reagiere ich aufmerksam und interessiert. Dasselbe passiert mit Gottes Liebessprache. Er redet tagtäglich mit mir und zeigt seine Liebe in vielen Kleinigkeiten. Er umgibt mich förmlich mit seiner Liebe. Doch da mir diese Form und die Gesten dieser Liebessprache nicht vertraut sind, schalte ich ab. Weder sehe noch verstehe ich Gottes Reden. Stattdessen warte ich, dass wieder „Deutsch geredet" wird.

Die Seelsorgerin machte mir Mut: „Jede Sprache kann erlernt werden, Frau Sommer. Daher ermutige ich Sie, die Sprache der

Liebe zu lernen. Ganz praktisch und Schritt für Schritt. Beschäftigen Sie sich mit Jesus. Er ist die Liebe in Person. Hören Sie tief in Gottes Herz hinein. Versetzen Sie sich in Ihre Kindheit zurück, und geben Sie der kleinen Irene all das, was sie früher so schmerzlich vermisst hat. Verbringen Sie Zeit mit ihr. Reden und lachen Sie mit ihr. Hören Sie ihr zu und bereiten Sie ihr eine Freude. Sie können die Sprache wirklich erlernen."

Der Gedanke hinter dieser klaren Aufforderung war, dass ich als Erwachsene davon profitieren würde, mich noch einmal mit meiner Kindheit zu beschäftigen. Denn der Mangel, den ich jetzt noch in mir spürte, kam zwar von längst vergangener Zeit, doch konnte ich genau diesem Mangel heute noch einmal begegnen und ihn von Jesus füllen lassen.

* * *

Sollte man Liebe wirklich wie eine Fremdsprache erlernen können, dann wollte ich es versuchen. Da ich Gott-Vater als zu fern und unnahbar ansah, ging ich über Jesus an Gottes Vaterliebe heran. Jesus hat die Liebe seines Vaters nicht nur vorgespiegelt, sondern sie den Menschen greifbar gemacht. Ihn konnte ich mir vor meinem geistigen Auge gut vorstellen. Zu Hause angekommen, googelte ich dann als Erstes: „Jesus tröstet Kinder" und „Jesus lacht mit Kindern".

Besonders ansprechend fand ich die Zeichnungen von Greg Olsen, Jean Keaton und David Bowman, die du gerne mal googeln kannst.[2] Bilder, die der Liebe Gottes für meine Begriffe am stärksten Ausdruck verliehen, druckte ich mir aus. Ich nahm das Gefühl, das diese Bilder in mir weckten, tief in mich auf. Liebe sollte nicht nur ein Wort bleiben, sondern eine Erfahrung werden.

---

2 davidbowmanart.com / www.jeankeatonart.com / gregolsen.com [zuletzt aufgerufen am 13.3.21]

Also habe ich auch angefangen, die Liebe, die ich meinen Kindern entgegenbrachte, bewusster wahrzunehmen. Die Zeit des Kuschelns, Tröstens, Vorlesens und Lachens habe ich bewusst genossen und verinnerlicht. Ich habe das geborgene Gefühl, das ich wahrnahm, tief in mich aufgenommen. So fühlt sich Trost an. So fühlt es sich an, wenn man vertraut miteinander lacht.

Ich habe meine Kinder einfach beim Spielen beobachtet und mir gedacht, dass Jesus mit derselben Liebe auch mir als Kind zugesehen hat. Manchmal habe ich mir einfach vorgestellt, wie Jesus mich als Kind in seinen liebevollen Armen hält. Außerdem habe ich mir Jesus in meine Kindheitserinnerungen hereingeholt. In den schönen hat er mit mir gelacht und in den traurigen hat er mit mir geweint und mich liebevoll getröstet. Manchmal habe ich mir bewusst Zeit genommen und mich mit der kleinen Irene „unterhalten". Ich habe sie mir gedanklich einfach auf den Schoß gesetzt und ihr als ihre „große Schwester" liebevoll und geduldig zugehört.

Wenn ich Auto fuhr, stellte ich mir vor, dass Jesus neben mir saß. Ich unterhielt mich laut, wie ich mich mit einer Freundin unterhalten hätte. Manchmal ließ ich Jesus in meinen Gedanken liebevoll antworten. Abends, wenn ich müde im Bett lag, stellte ich mir vor, wie Jesus einfach an meinem Bettende saß und mir interessiert zuhörte, was ich ihm über meinen Tag erzählte. Auch hier stellte ich mir vor, was er wohl zu mir sagen würde, und sprach dann laut aus, wie er mich ermutigte und mir seine Liebe zusprach. Wenn ich dann doch mit Gott, dem Vater, sprach, redete ich wie ein Kind und sprach ihn bewusst mit „Daddy" an. Einfach, weil Kinder nicht überlegen müssen, wie sie etwas formulieren, damit ihr Vater es nicht missversteht.

Diese Schritte haben mir ganz praktisch geholfen, Frieden mit meiner Kindheit zu schließen. Ich konnte ein Stück weit loslassen und beim Loslassen eine neue Liebe in mir fühlen, die sich warm tief in meinem Innern ausbreitete. Es war neu für mich, und doch fühlte sich alles nach und nach vertrauter an.

In Zeiten der Erschöpfung schüttete ich unüberlegt mein ganzes Herz zu Jesu Füßen aus, heulte und fand alles unfair. Und jedes Mal richtete er mich liebevoll wieder auf. Nie ließ ich zu, dass Jesus in meiner Fantasie streng und zurechtweisend mit mir sprach. Vielmehr ließ ich ihn all das machen und sagen, was ein liebender Vater in meinen Augen tat. Ein halbes Jahr lang sprach ich mir auf diese Weise die Ermutigung und die Liebe Gottes zu, um sie mir greifbarer und erfahrbarer zu machen. Ja, Stück für Stück lernte ich die Sprache der Liebe kennen und Gottes Liebe fühlte sich langsam echt und real an. Sie begann, vom Kopf ins Herz zu rutschen.

* * *

Vielleicht denkst du gerade, dass man sich ja vieles einreden und einbilden kann. Doch mit Einreden hatte dies für mich wenig zu tun. Es entspricht der tiefen Überzeugung meines christlichen Glaubens, dass Gott sich dazu entschieden hat, mich liebevoll als sein Kind anzusprechen. Und dass Jesus liebevoll und ermutigend zu mir sprechen möchte, ist ebenfalls eine biblische Tatsache. Leider übertönen wir seine Worte jedoch allzu schnell mit Stimmen der Selbstverachtung. Deshalb ist es so wichtig, Jesus direkt zu unserem Herzen sprechen zu lassen.

Gott zeigt dir täglich auf vielerlei Weise seine Liebe – durch die Natur, durch sein Wort und durch den Heiligen Geist in dir. Täglich spricht er seinen Stolz, seinen Segen und seine Zuneigung zu dir aus. An vielen Menschen geht dies jedoch vorbei, weil sie, wie ich, die Sprache der Liebe nicht erlernt haben. Die Worte treffen nicht ins Herz, weil wir sie nicht verstehen. Ich möchte diese Menschen ermutigen, die Liebessprache Gottes ebenfalls Schritt für Schritt zu erlernen.

Eine Königstochter kann sich ihr königliches Dasein nicht einreden. Sie kann nur lernen, darin zu leben. Wir sind Königskinder, das steht außer Frage. Allein ob wir auch so leben, ist relevant.

1.4 Als Geliebte durchs Leben – von Gott und dir selbst

Die Voraussetzung für erfahrbare Liebe ist Selbstannahme. Es geht nicht um Selbstverliebtheit, sondern um Annahme. Denn wie kannst du Gottes Liebe glauben, wenn du das ablehnst, was er in Liebe erschaffen hat? Nämlich dich!

Gott setzt sein „Ja" über dein Leben. Das bedeutet, dass er dich so annimmt, wie du gerade bist, und dass er seine Annahme nicht davon abhängig macht, wie du sein solltest. Du bist, so wie du jetzt bist, mit all deinen Schwächen und Stärken, genau richtig. Es ist okay, dass du dich gerade zu schwach fühlst, dir einen bestimmten Tick abzugewöhnen. Bitte Gott darum, dir dabei zu helfen. Es ist okay, dass du gerade Gefühle von Neid, Wut oder Trauer in dir verspürst. Es ist okay, dass du gerade das Gefühl hast, deine Ehe nicht mehr retten zu können. Gib alle diese Gefühle Gott. Es ist okay, dass du dich dafür schämst, viel zu viele Kilos auf den Rippen zu haben. Es ist okay, dass dein Glaube gerade klein ist. Es ist okay, dass du gerade kurz vor der Verzweiflung stehst.

Dieses „Okay" über unserem Leben eröffnet uns einen Weg, uns selbst anzunehmen – in all unserer menschlichen Unzulänglichkeit. Dieses „Okay" über unserem Leben ermöglicht es uns erst, unseren Weg mit Gott weiterzugehen und uns weiterzuentwickeln. Wenn ich die Situation, so wie sie gerade ist, annehme, bin ich bereit, sie verändern zu lassen. Manfred Siebald hat diesen heilsamen Weg in dem bekannten Lied „Jesus, zu dir kann ich so kommen, wie ich bin" eindrücklich beschrieben:

„Jesus, zu dir kann ich so kommen, wie ich bin.
Ich muss dir nicht erst beweisen, dass ich besser werden kann.
Jesus, bei dir darf ich mich geben, wie ich bin.

Ich muss nicht mehr als ehrlich sein vor dir.
Jesus, bei dir muss ich nicht bleiben, wie ich bin.
Du hast schon seit langer Zeit für mich das Beste nur im Sinn.
Darum muss ich nicht so bleiben, wie ich bin."[3]

Als ich diese Wahrheit erkannt habe, musste ich kurz stutzen. Sie brachte mich zum Nachdenken. Bis dahin hatte ich alles Negative in meinem Leben schnell verdrängt und es vor Gott schöngeredet. Ich hatte Undankbarkeit sofort mit bewusstem Danken „behoben", ohne weiter darüber nachzudenken, was sich hinter diesem Gefühl verbarg. Meine stille Zeit hatte ich so manches Mal aus reinem Pflichtgefühl schnell erledigt, weil es sich für einen Christen nun mal gehörte, täglich stille Zeit zu halten. Ich hatte mein „Mich-ungeliebt-Fühlen" mit Scham beiseite geschoben.

Viele negativen Gefühle und Gedanken habe ich sofort mit christlichen Floskeln unterdrückt. Mein Wunsch, Gott zu begegnen, saß jedoch so tief in mir, dass ich regelmäßig neidisch und unsagbar traurig wurde, wenn ich in Erlebnisberichten anderer Menschen von ihren Begegnungen mit Gott hörte oder las. Ich wurde manchmal regelrecht wütend und zog mich bockig von Gott zurück. Während ich mich zurückzog, arbeitete es die ganze Zeit in meinem Oberstübchen: „Du darfst so nicht fühlen. Gott entscheidet selbst, wem er begegnen möchte. Neid und Wut bringen dich nur fort von Gott. Dann will dir Gott erst recht nicht begegnen." Also „kroch" ich schon am nächsten Tag beschämt zu Gott und sagte ihm: „Es ist alles wieder gut. Danke, dass du den anderen Menschen diese Erfahrung geschenkt hast. Ich weiß, dass du ja immer um mich herum bist."

Dieses Verhalten hatte jedoch nichts in mir korrigiert und mich weder charakterlich noch geistlich wachsen lassen. Erst als ich

---

3 Aus dem Lied: Jesus, zu dir kann ich so kommen, wie ich bin. Text: Manfred Siebald. Melodie: Johannes Nitsch © 1989 SCM Hänssler, Holzgerlingen.

begriffen hatte, dass ich von Gott so angenommen bin, wie ich bin, habe ich angefangen, anders mit meinen Gefühlen umzugehen. Ich habe angefangen, Gefühlsausbrüche zuzulassen. Anstatt meine wahren Gefühle zu leugnen, habe ich mich gefragt, was genau meine Gefühle hochkochen ließ. In meinem aufkommenden Neid konnte ich mich zu Gott wenden und sagen: „Ich fühle so viel Neid, weil du dieser gewissen Person eine Begegnung mit dir geschenkt hast. Ich habe das Gefühl, dass du eine solche Begegnung nur deinen Lieblingskindern schenkst. Meine Angst ist so groß, dass ich zu gewöhnlich für dich bin."

Dann habe ich auf Gottes Antwort in meinem Herzen gehört: „Es ist okay, dass du das fühlst. Ich halte dich fest in meinem Arm. Du bleibst immer meine Tochter. Für dich habe ich einen anderen Weg geplant. Vertraue mir." Meine Gemeinde und meine Familien haben mir beigebracht, dass es eben nicht okay ist, Neid zu empfinden. Es ist nicht okay, wenn wir unserer Erschöpfung nachgeben, es ist nicht okay, wenn wir unserem Gegenüber auf eine Bitte mit „Nein" antworten und es ist nicht okay, keine Freude bei der stillen Zeit zu empfinden. Dies führte dazu, dass ich die Gefühle, die sich tief in mir bemerkbar machten, ignorierte und verdrängte.

***

Das Verleugnen unserer wahren Gefühle ist für unser charakterliches und geistliches Wachstum schädigend und hat auch einen großen Einfluss darauf, ob wir uns selbst annehmen oder von Gott angenommen fühlen können. Durch das Verdrängen unserer Gefühle können wir uns und anderen eine Zeit lang etwas vorspielen. In uns selbst aber gärt es weiter. Verdrängung führt nicht zur Verbesserung, sondern zur Verbitterung. Wer sich, anderen und Gott etwas vorspielt, nimmt die Rolle einer Person ein, die es eigentlich gar nicht gibt.

Ich durfte erkennen: Jesus sieht dich als Mensch, und zwar mit AL-LEM, was du fühlst und denkst. Alles in dir darf sein. Ganz einfach, weil es *ist*! Nimm es – schau es an – und bring es Jesus. Er gibt dir dafür sein „Ja, so ist es". Die Gefühle, Gedanken und die Erschöpfung sind ja vorhanden. Was hilft es uns also, diese Dinge zu leugnen?

Früher habe ich mich sehr oft für mein Verhalten geschämt. Einmal wurde ich zu einer Familie zum Kaffee eingeladen, die ich schon lange kennenlernen wollte. Ich war von ihnen beeindruckt, weil sie ihren Glauben frei auslebten, was in unserem landeskirchlich geprägten Dorf eher selten war. Auf dem Weg zu dieser Familie sprach ich kurz: „Heiliger Geist, führe unsere Gespräche." Als ich ihr Haus betrat, fing ich mit dem ersten Atemzug an zu reden. Ich sprach über Gott und die Welt: wie ich die Bibel verstehe und wie frustriert ich über Christen bin, die den Splitter im Auge ihres Nächsten sehen, aber den Balken im eigenen Auge nicht spüren (vgl. Mt 7,3-5).

Nach fast zwei Stunden verabschiedete ich mich von meinen Gastgebern und atmete durch. Als ich durchatmete, begriff ich, was gerade passiert war. Ich hatte fast zwei Stunden eine Familie zugetextet und sie kaum zu Wort kommen lassen, weil ich sie beeindrucken wollte. Ich wollte, dass sie mich mögen und uns mit in ihren Freundeskreis aufnehmen. Voller Scham realisierte ich, dass vermutlich das Gegenteil passieren würde. Hatte ich sie vielleicht abgeschreckt? Nun begann sich mein Gefühlskarussell rasant zu drehen. „Oh mein Gott", dachte ich. „Es tut mir so leid, dass ich so peinlich war. Ich habe gar nicht auf dich gehört. Ich wollte ihnen viel mehr gefallen als dir. Ich bin so peinlich." Ich empfand unerträgliche Scham über mein Verhalten, legte mich ins Bett und wollte am liebsten nicht mehr aufstehen. Am nächsten Tag fing ich an, das Gefühl der Scham zuzulassen und auszuhalten. Woher kam dieses Schamgefühl? Ich realisierte, dass ich mich wieder wie ein kleines Kind fühlte, für das sich seine Eltern schämen müssen.

Ich fragte Gott: „Was fühlst du?" Und er antworte in meinem Inneren: „Irene, ich liebe dich mit allen Charaktereigenschaften. Das viele Reden gehört zu dir. Du redest immer viel, wenn du aufgeregt bist. Das ist okay. Ich verurteile dich nicht, weil es zu dir gehört. Nimm es an, wie ich es tue. Ich arbeite an dir, ohne etwas abzulehnen. Mit der Zeit wird es dir bewusster und du wirst bedachter reden. Aber bis dahin nimm dich selbst an. Was ist dir wichtiger, Irene, von der Familie gemocht zu werden oder von mir bedingungslos geliebt zu sein? Nichts an dir lehne ich ab. Deine Scham kannst du getrost ablegen, ich umhülle dich mit meiner Liebe. Und letztendlich war es auch ein bisschen witzig. Schau, jetzt kann die Familie die Ruhe um sich herum mehr genießen."

$$***$$

Schließe Frieden mit deiner Situation, mit deinen Schwächen und deinen Eigenheiten. Hadere nicht mit dir selbst, kritisiere dich nicht und verdränge deine aufkommenden Gefühle und Gedanken nicht. Nimm alles an, wie es gerade nun einmal ist. Ich rede hier jedoch nicht von der Einstellung: Ich bin nun einmal, wie ich bin, und damit müssen die Leute klarkommen. Mit einer solchen Einstellung tust du dir selbst keinen Gefallen.

Wenn du jedoch mit deinem „Ich bin" zu Gott kommst, dann nimmt er dich so an, wie du bist, und hält dich liebevoll in seinen Armen – um dann Stück für Stück an dir zu arbeiten. Langsam und bedacht. Du bist von Gott geliebt, dein Sein, auch das verborgene, tief verdrängte, verletzte und aus Verzweiflung egoistische Ich. Gott umgibt und liebt dich durch und durch. Es gibt keinen einzigen versteckten Gedanken und keine Herzensregung in dir, die er nicht liebevoll annimmt. Er sieht dich so, wie du wirklich bist, und sagt: „Ja. Es ist okay, wie es gerade ist." Das macht uns den Weg frei, alles zu Gott zu bringen.

Bleibe mit ihm im Gespräch, drück deine Gefühle aus und schau, aus welcher Erfahrung sie entsprungen sind. Lass dich von Gott leiten, wenn du manche Gefühle nicht verstehst. Erzähle Gott, welche Eigenheiten du gerne mit seiner Hilfe ablegen möchtest und bei welchen Charakterzügen du möchtest, dass sie sich in Zukunft entfalten. Auf dem Weg dahin sprich immer wieder Gottes Zusage für dich aus: „So, wie es gerade ist, so, wie du gerade bist, ist es okay." Atme ein, atme aus und sei die Person, die du eben gerade bist: Sei du selbst. Wenn du beginnst, gnädig mit dir zu sein und dich mehr zu achten, dann wächst deine Selbstannahme und dein wahrer Wert festigt sich in dir. Dieser Zustand spiegelt sich dann wiederum in deinem Verhalten zu dir, Gott und deinen Mitmenschen wider.

Behandle dich wie eine Königstochter, und du wirst merken, wie du dich immer mehr wie eine fühlst.

Lebe als geliebte Königstochter – ganz praktisch

Du darfst jetzt schon wie eine Königstochter leben, auch wenn du dich noch nicht danach fühlst.

Ich möchte dir gerne ein paar Ideen mit auf den Weg geben, wie du es ganz praktisch angehen könntest.

👑 *Kleide dich königlich.*

Ich rede nicht von teuren Markenklamotten, sondern von deinen Lieblingsstücken. Ziehe dich immer so an, dass du dich hübsch und wohlfühlst. Verbanne alle Kleidungsstücke, in denen du dich unattraktiv fühlst (egal, wie bequem sie zu sein scheinen), aus deinem Kleiderschrank. Auch dein Mann wird es dir danken.

👑 *Achte auf deinen Körper.*

Pflege ihn gut, behandle ihn achtsam, ernähre dich gesund und treibe etwas Sport. Denn dein Körper ist ein Tempel, der geschmückt sein will und sein darf (vgl. 1. Kor 6,19).

👑 *Gestatte dir etwas als Königstochter.*

Ob es nun zwischendurch ein Besuch im Café oder Restaurant, ein neues Buch, das eingelassene heiße Bad, etwas Neues für den Kleiderschrank, das zur Abwechslung mal nicht reduziert ist, oder eben ein Friseurbesuch ist, du bist es dir wert.

👑 *Nimm eine königliche Haltung ein.*

Königstöchter stehen nicht ängstlich mit eingezogenen Schultern und einem leisen Stimmchen in der Ecke. Aufrecht meistern sie auch noch so schwierige Situationen in ihrem Leben. Wenn sie fallen, dann ergreifen sie Daddys helfende Hand, lassen sich wieder aufrichten, rücken die Krone zurecht und gehen weiter. Denn sie wissen um die Präsenz ihres himmlischen Vaters in ihrem Leben.

👑 *Denke königlich.*

Dein Daddy hat dich einzigartig und wunderschön erschaffen. Er liebt deine Macken und Ecken, denn die machen dich so interessant und speziell. Er erschuf dich genau so, wie du sein solltest. Du bist durch und durch geliebt, ohne Bedingungen. Erlaube dir niemals, dich in Gedanken zu demütigen, dich zu beleidigen oder an deinem Wert zu zweifeln. Stoppe augenblicklich solche Gedanken und ersetze sie durch einen Zuspruch der Liebe. (Auch wenn es sich gerade fremd anfühlt, mit der Zeit begreift dein Herz, dass dieser Zuspruch dir gilt.)

Alles, was dich zerstören, entmutigen und verurteilen möchte, kommt nicht von deinem Vater! Denn dein Vater spricht: „Du, mein kostbares Kind, bist keine Waise. Ich bin dein Vater! Wenn du mich lässt, übernehme ich wieder die Vaterschaft, wie ich sie von jeher für dich angedacht habe. Ich leite, führe, behüte, segne und liebe dich durch dein gesamtes weiteres Leben hindurch. Überlasse mir alle deine Sorgen und genieße ein unbeschwertes Dasein als Kind. Ich umgebe dich Tag für Tag, mein königliches, wunderbares und geliebtes Kind!" Mache dich auf den Weg zu deinem Vater! Erkenne deinen Stand als Königstochter an und lebe standesgemäß: von oben behütet, von innen gelenkt.

Jeden Tag, wenn ich mich unwürdig, ungeliebt und schuldig fühle,
richte ich mich auf, rücke meine königliche Krone zurecht
und schau zu meinem Daddy hinauf.

Kapitel 2
Entspanntes Leben in Gottes Gegenwart

Ich bin da,
du bist da.
Und das ist genug.
– Unbekannt –

2.1 Ankommen in „Gottes Gegenwart" – was heißt das wirklich?

Viele Jahre meines Lebens war ich auf der Suche nach Gottes Gegenwart. Ich habe viel Zeit in diese Suche investiert und schien dabei doch nicht weiterzukommen beziehungsweise näher an Gott heranzukommen. Irgendwann begriff ich immerhin, dass es verschiedene Arten der Gegenwart Gottes gibt. In manchen Berichten von anderen Christen, aber auch von biblischen Personen, wird die Gegenwart Gottes als etwas Pompöses, Überwältigendes und Unaussprechliches beschrieben.

Schon mehrfach las oder hörte ich, sollte die Gegenwart Gottes einmal „über mich kommen", so würde ich es auf keinen Fall verpassen. Sie sei eindrucksvoll, einzigartig und so atemberaubend wie in der Geschichte von Mose und seiner Begegnung mit Gott am Dornbusch (vgl. 2. Mose 3). Gott allein entscheidet, wann er einem Menschen ein kleines Stück seiner Herrlichkeit offenbaren möchte.

Eines Nachts träumte ich, dass mein Mann mit mir nach Israel fuhr. Wir stiegen aus dem Bus aus und befanden uns in der Zeit zurückversetzt ins alttestamentarische Alter inmitten der Wüste. Rechts von mir sah ich ein großes Zelt, das vermutlich die Stiftshütte war. Über der Stiftshütte schwebte eine etwa drei Meter hohe Wolkensäule. In dieser Wolkensäule spürte ich augenblicklich die Gegenwart Gottes so extrem, dass es mir die Sprache verschlug. Es war das wunderschönste und heiligste Gefühl, das ich je gespürt hatte – als wäre Gottes Heiligkeit um mich herum. Dieses Gefühl durfte ich etwa 20 Sekunden lang erfahren, dann erwachte ich und es war wieder verschwunden. Das war also meine persönliche Erfahrung mit der einen Seite der Gegenwart Gottes.

Abgesehen von diesem Traum spürte ich die Gegenwart Gottes in dieser Intensität kein weiteres Mal mehr in meinem Leben, was mich jedoch irritierte, da viele Prediger doch dazu aufforderten, „in der Gegenwart Gottes zu leben". Auch mein Andachtsbuch ermutigte mich fast jeden Morgen, den Tag „in der Gegenwart Gottes" zu verbringen. Von welcher Gegenwart Gottes war hier denn die Rede? Es konnte ja schlecht die HEILIGE (die himmlische) Gegenwart Gottes gemeint sein. Mit diesem intensiven Gefühl wäre man schließlich kaum in der Lage, seinen Alltag zu meistern, und es ließ sich ja auch nicht einfach so „produzieren".

***

Mit meinen Überlegungen kam ich einfach nicht weiter. Mein geistliches Leben lief normal und unspektakulär ab. Nichts kam mir im Alltag heilig oder atemberaubend vor. Trotz meiner Mühe schien ich keinen Weg in die Gegenwart Gottes zu finden. Ich hatte einfach keine Vorstellung davon, von welcher Gegenwart Gottes hier die Rede war, und schon gar nicht davon, wie ich täglich in dieser leben konnte. Also gab ich es vorerst wieder auf, mich diesem Thema weiter zu widmen – bis es mir eines Nachts wie Schuppen von den Augen fiel: Ich lebte die ganze Zeit in der Gegenwart Gottes!

Ich hatte mir ja bereits angewöhnt, jede freie Minute im Zwiegespräch mit Jesus zu sein. Ich hatte jedoch immer noch auf ein bestimmtes Gefühl gewartet und meine endlich erlangte innere Ruhe gar nicht als ein Zeichen der Gegenwart Gottes in Betracht gezogen.

Jeden Morgen trinke ich erst einmal einen Cappuccino mit Gott. Ich hatte es nicht als Gebetszeit angesehen, da ich in dieser Zeit kaum „formell bete". Aber ich rede mit Gott. Ich denke über die Nacht und meine Träume nach, dann erzähle ich Gott, was ich an diesem Tag vorhabe. Natürlich weiß er das schon, aber es ist meine Art, ihn bewusst mit in meinen Tagesplan hineinzunehmen. Ich lese mein kleines Andachtsbuch und frage Jesus dann, was wir zwei von dem Inhalt heute halten sollen. Danach beginnt mein Tag.

Zwischendurch vergesse ich Jesus vielleicht mal über ein paar Stunden, aber dann lade ich ihn wieder bewusst ein, mit mir zum

Einkaufen zu fahren. Ich rede, denke, schmunzle und gebe meine Überlegungen gleich an Jesus weiter. Dadurch, dass ich meine Zeit mit Jesus nie als Gebetszeit verstanden hatte, habe ich diese Zeit auch nie mit der „Gegenwart Gottes" verbunden.

Irgendwann fragte ich mich dann: Was bedeutet das Wort „Gegenwart" denn eigentlich genau? Meine Antwort: im Hier und Jetzt zu sein! Ganz da zu sein. Jesus ist im Alltag mein Begleiter. Es kostet mich überhaupt keine Kraft, weil ich mich mit Jesus wie mit meinem besten Freund und mit Gott wie mit einem geliebten Vater unterhalte.

Oftmals ist es doch so, wenn ein Christ sich zu einem Gebet entschließt, stellt er sich im Geiste vor, wie er sich an Jesus oder seinen himmlischen Vater wendet. Dann beginnt er oder sie meistens mit einem: „Lieber Vater ..." oder „Herr ..." und spricht seine Gebete in der Überzeugung, zu Gott persönlich zu sprechen. Also begibt er sich innerlich „in seine Gegenwart". Am Ende des Gebets setzen wir dann ein Amen, das oft einem „Tschüss" gleicht. Wir verlassen die Gegenwart Gottes und wenden uns wieder unserem Alltag zu.

Was würde passieren, wenn du morgens in Gottes Gegenwart trittst, wenn du Jesus einen guten Morgen wünschst und nach deinem üblichen Morgengebet kein AMEN setzt, sondern Jesus einladen würdest, mit dir zur Arbeit zu kommen? Denn so verlässt du den „Bereich seiner Gegenwart" nicht, sondern befindest dich den gesamten Tag darin. (Das tust du zwar ohnehin, aber so fällt es dir vielleicht leichter, auch in diesem Bewusstsein zu leben, wenn du dich gar nicht erst von ihm „verabschiedest".) Rede mit ihm. Zwischendurch. Immer wieder.

Spürst du Stress und Unruhe in dir aufkommen, dann schließe kurz deine Augen, atme tief durch und frage Jesus, wo die Prioritäten gerade wirklich liegen sollten, oder stell dir einfach vor, wie er dich kurz in den Arm nimmt. Wenn du nach Hause kommst und dein Kind voller Wut oder Enttäuschung über etwas antriffst, dann nimm es in den Arm, genau wie Jesus auch dich mit seiner Liebe ummantelt. Danke Jesus, während du dein Kind im Arm hältst, dass er es ebenfalls mit seiner Liebe tröstet. Steht eine Freundin vor der Tür, dann lade sie auf einen Kaffee ein, und biete Jesus nicht nur einen Platz an, sondern danke ihm, dass er durch dich an eurem Gespräch teilnehmen wird. Bis tief in die Nacht hinein kannst du mit Jesus im Gespräch bleiben.

Das ist meine Art und Weise, bewusst in der Gegenwart Gottes zu leben. Nichts daran ist kribbelig, ekstatisch oder total emotional. Ich würde die Erfahrung vielmehr als bodenständig, vertraut und sicher beschreiben. In Gottes Gegenwart spüre ich eine tiefe Gelassenheit und innere Ruhe. Wenn ich im Laufe des Tages merke, dass ich doch wieder hektisch und genervt reagiere, dann ziehe ich mich für einen kurzen Moment zurück und begebe mich wieder bewusst in die Gegenwart Gottes und meistens überkommt mich dann wieder ein tiefer Friede. Mit diesem Frieden stelle ich mich dem weiteren Tag.

Es kann durchaus sein, dass dein bewusst mit Jesus verbrachter Tag viel mehr Gefühle in dir wecken wird. Jeder ist anders. Aber was ich mit Sicherheit sagen kann, ist, dass mit Jesus in meinem Alltag meine Sorgen, mein Ärger und meine Wut immer mehr und immer schneller verblassen. Sie kochen in mir erst gar nicht so hoch, weil ich sie augenblicklich an Jesus abgeben kann.

Ich möchte dich ermutigen, deinen Tag ebenfalls mit Jesus zu beginnen und dein Morgengebet nicht mit einem Amen und „Tschüss" zu beenden. Möge sich dein Bewusstsein über Jesu ständige Präsenz so tief in dir verankern, dass du die Gegenwart Gottes fortwährend in deinem Alltag erlebst. Du und Jesus. Von Herz zu Herz. Aus dieser Intimität mit Gott entsteht eine Kraftquelle für dein ganzes Leben.

2.2 Leben in der Gegenwart Gottes heißt Leben in der Leichtigkeit des Neuen Bundes!

Auf meinem Weg hin zu einem beflügelnden Glauben in Gottes Gegenwart und weg von einem erschöpfenden Glauben im geistlichen Hamsterrad spielte für mich das Thema „Der Neue Bund" eine entscheidende Rolle. Das Thema traf mich damals mitten ins Herz und stellte mein bisheriges Glaubens- und Gebetsleben auf den Kopf. Ich begriff plötzlich, dass tatsächlich schon *alles* vollbracht war und ist. Es gibt kein Verdienen und Anstrengen mehr. Wir können weder unser Bemühen noch unsere eigenen vollbrachten Werke vor Jesu Kreuz bringen, denn dort zählen sie nichts mehr. Wir können allein uns selbst, so wie wir sind, mit leeren Händen und verwundeten Herzen, vor das Kreuz bringen und uns von Gottes Gnade bescheinen lassen.

Ich durfte endlich erkennen, dass Jesus den Kampf bereits für mich gekämpft und gewonnen hat. In seinem Sieg darf auch ich eine Siegerin sein. Mit Tränen in den Augen lehnte ich mich zum ersten Mal in meinem Leben von allen Lasten befreit zurück, weil ich tief in meinem Herzen begriff, dass ich damit auch aus jedem meiner Alltagskämpfe mit einem tiefen Frieden und einer großen Gelassenheit heraustreten kann, denn: Es ist vollbracht.

Das Leben in der Leichtigkeit des Neuen Bundes gehört zu den grundlegenden Voraussetzungen, deine Identität als Königstochter vollends ergründen zu können. Alle folgenden Kapitel orientieren sich an den Grundlagen, die in diesem Kapitel dargelegt werden. Es ist von enormer Wichtigkeit, den Kern des Evangeliums wirklich zu begreifen und diese frohe Botschaft tief im Herzen zu verankern. Ohne dieses Wissen ist es kaum möglich, siegreich und erfüllt durchs Leben zu gehen.

Mein Leben, besonders mein Streben nach Gottes Gunst und meine krampfhaften Versuche, alle Gebote zu befolgen, hatte mich ausgezehrt und ermüden lassen. Ich hatte zwar manchmal vom

Alten und Neuen Bund gehört, jedoch hatte ich nie verstanden, was das für mein Leben ganz praktisch bedeutet. Einerseits wird von der Kanzel gepredigt, dass Jesus unsere Sünden ein für alle Mal vergeben hat und wir allein durch Gnade gerettet sind, andererseits hallt es durch so manches Kirchengebäude, dass wir uns als „gute Christen" durchaus auch an eine Vielzahl von Geboten aus dem Alten und Neuen Testament zu halten hätten. Was aber, wenn wir an diesen scheitern? Straft uns Gott dann dafür oder wurden auch schon unsere zukünftigen Fehltritte am Kreuz verziehen? Ist Gott nun ein liebender Vater, der mich ganz selbstverständlich jeden Tag neu versorgt, oder muss ich erst bitten und flehen, auf dass er sich meiner erbarmt?

Für mich passte Letzteres irgendwie nicht in das Bild eines gütigen und liebenden Vaters, als der Gott doch immer wieder beschrieben wird. Widersprachen sich die Prediger etwa? Aber wie könnte das sein, wenn sie sich doch alle auf die Bibel, Gottes Wort, berufen hatten?

Was ich erst später begriff, war, dass hier zusammengebracht wurde, was eigentlich seit dem Kreuz Jesu zu trennen ist, nämlich der Alte Bund und der Neue Bund. Das Problem ist, dass in vielen Gemeinden die Vermischung der beiden Bundesschlüsse gelehrt und gelebt wird. Bevor ich auf den Neuen Bund zu sprechen komme, ist es daher unumgänglich, den Alten Bund zu kennen und zu verstehen.

Alter Bund

Gott schloss mit Israel einen Bund (vgl. 2. Mose 19–24). In den ersten fünf Büchern Mose finden wir etwa 613 Ge- und Verbote – zu denen auch die gemeinhin bekannten 10 Gebote gehören –, die das Volk Israel zu halten und in ihr Leben zu integrieren hatte. Für die Juden bildet die schriftliche Gesamtheit dieser Gebote die Tora. Für das Schützen, Bewahren und Halten der Ge- und Verbote bekam das Volk damals die Verheißung des Segens, für die Missachtung derselben musste es dagegen mit Strafe, Fluch und dem Entzug der göttlichen Gegenwart rechnen (vgl. 5. Mose 28). Da es freilich einer Utopie gleichkam, dass jeder all diese Ge- und Verbote auch einhielt, bestimmte das Gesetz die Möglichkeit der Entsündigung durch Buße und Opfer (vgl. 3. Mose 4). Damit schien der Mensch im Alten Bund unweigerlich selbst für sein Geschick verantwortlich gewesen zu sein, da Gott allein aufgrund seines Verhaltens entweder mit Segen oder Fluch reagierte.

Entscheidend beim Alten Bund ist außerdem, dass Gott diesen allein mit seinem Volk Israel geschlossen hatte. Kein anderes Volk konnte in diesen Bund eintreten. Außerhalb dieser Bundesgemeinschaft war es folglich zwecklos, sich an die Gesetze der Tora zu halten. Aus diesem Grund ist es auch so ein fruchtloses Unterfangen, als Christ, der nicht zum Volk Israel gehört, die Gebote der Tora befolgen zu wollen. Freilich nicht, weil die Tora ungültig und abgetan wäre, sondern vielmehr deshalb, weil wir schlicht und ergreifend nicht Teil des Bundesvolkes Israel sind (vgl. Röm 9,4–5)!

Wenn wir uns also vornehmen, wie Israel den zehnten Teil unserer Ernte beziehungsweise unseres Lohnes für Gott abzusondern, weil es so in der Tora beziehungsweise dem Alten Testament steht, dann frage ich mich, warum wir nicht auch auf den gemeinsamen Verzehr von Milch- und Fleischprodukten verzichten, schreibt doch Jakobus: „Es hilft dann nichts, wenn ihr alle anderen Gebote Gottes genau einhaltet. Wer nämlich auch nur gegen ein einziges seiner Gebote verstößt, der hat gegen alle verstoßen und das ganze Gesetz übertreten" (Jak 2,10).

Entweder man hält alle 613 Ge- und Verbote oder man kann es auch ganz sein lassen. Denn nur mit einem einzigen Fehltritt bist du nicht mehr makellos, obwohl du doch makellos vor dem Herrn erscheinen möchtest. Wer sich entschließt, in einer Vermischung von

Neuem und Altem Bund zu leben, dem Bund, der eigentlich NUR Israel gegeben wurde, der muss damit rechnen, dass er auch die Folgen dieser Vermischung zu tragen hat, ist doch im Alten Bund das vollbrachte Werk am Kreuz nicht inbegriffen (vgl. Gal 5)! Konkret heißt das: Wer versucht, aus eigener Anstrengung durch das Gesetz gerecht zu werden, der wird auch nach dem Einhalten des Gesetzes beurteilt – und kann daran nur scheitern. Denn er selbst entscheidet sich gegen die Gnade. Daraus ergibt sich, dass das Kreuz und somit der Neue Bund die eigenen Anstrengungen nicht nur ausschließt, sondern diese sogar verurteilt (vgl. Eph 2, 8–9; Gal 2,16+21).

Neuer Bund

Der Neue Bund ist kein Update, keine Erweiterung oder Neuauflage des Alten Bundes. Es ist etwas vollkommen Neues! Und mit nichts zu vergleichen. Schon im Alten Testament sagt Gott diesen Neuen Bund voraus (vgl. Jeremia 31,31–34).

Jesus Christus hat uns dagegen einen Zugang zum Bundesvolk ermöglicht, ohne dass wir dafür an die Einhaltung aller Gesetze der Tora gebunden wären. „Denn Christus ist des Gesetzes Ende" (Röm 10,4; LU). Jesus hat „das Gesetz *[die Tora]* doch erfüllt, und somit ist es nicht mehr der Weg, um Annahme bei Gott zu finden. Wer Christus vertraut, wird von aller Schuld freigesprochen" (Röm 10, 4–5; Ergänz. d. Verf).

Das bedeutet, dass Gott durch das vollbrachte Werk am Kreuz einen kompletten Neuanfang macht. Jesu Liebe ist so groß, dass er in den Neuen Bund, der zwischen Gott und ihm (!) geschlossen wurde, ALLE Menschen mit hineinnehmen will. Die Liebe allein ist ihm so wichtig, dass er die komplette Last des Gesetzes von unseren Schultern nimmt, um sie durch ein einziges Gebot einzutauschen, zu dessen Einhaltung er selbst uns auch befähigt: zu lieben. So sagt Jesus in Matthäus 22,37–40, dass wir den Herrn, unseren Gott, lieben sollen, von ganzem Herzen, mit ganzer Hingabe und mit unserem ganzen Verstand. Das ist das erste und wichtigste Gebot und darin inbegriffen ist für ihn auch, unseren Nächsten zu lieben wie uns selbst.

Jesus hat am Kreuz nicht nur das gesamte Gesetz erfüllt, er hat sogar mit dem ultimativen Opfer für die Übertretungen aller Menschen bezahlt – mit seinem eigenen Leben. Keine einzige Übertretung, kein einziger Fehltritt wird bestraft, da sie bereits gesühnt sind. Die Welt wurde mit Gott versöhnt, da Jesus für jede (auch für alle zukünftige) Schuld die Strafe auf sich nahm.

Im Neuen Bund steht Gott auf unserer Seite. Wir brauchen uns nicht mehr vor ihm zu beweisen. All das, was uns von ihm trennte, wurde mit Jesu vollbrachtem Werk am Kreuz weggeschafft. Sein Ausruf „Es ist vollbracht" (Joh 19,30) drückt aus, dass sein Werk abgeschlossen ist. Der Weg zu Gott ist also schon frei und unsere Schuld ist somit schon vergeben. Unsere einzige Aufgabe ist daher, mit der Annahme von Gottes Friedensangebot auf Jesu vollbrachtes Werk zu reagieren (Joh 1,12). Wir haben die Möglichkeit, dieses vollbrachte Werk zu ignorieren und weiter mit der Einhaltung von Gesetzen um Gottes Gunst zu buhlen, oder wir schauen auf diesen großen Versöhnungsakt, beziehen uns auf das Kreuz und sagen: „Danke! Ich nehme dieses Geschenk gerne an!"

Hat im Alten Bund noch Gott mit Segen oder Fluch auf das Verhalten seines Volkes reagiert, so ändert sich die Dynamik der Gottesbeziehung im Neuen Bund gravierend. Denn dort sind wir es, die auf Jesus reagieren dürfen, der bereits alles Notwendige für unseren Segen erfüllt und damit den Fluch der Gottesferne von uns abgewendet hat.

Und in diesem „Es ist vollbracht" liegt weit mehr, als wir ahnen! All die Jahre dachte ich bei Jesu Tod am Kreuz allein an die Vergebung der Sünden, ohne mir darüber bewusst zu sein, was ich noch alles im Glauben ergreifen durfte:

Jesus hat mich mit Gott versöhnt (vgl. 2. Kor 5,18–19).

Nichts kann mich von Gottes Liebe trennen (vgl. Röm 8,38–39).

Zwischen Gott und mir steht nichts mehr. Er wohnt sogar in mir (vgl. Kol 1,27).

Ich darf Heilung erfahren (vgl. Jes 53,5).

Gottes Segen ruht (bereits täglich) auf mir (vgl. Eph 1,3).

Gott versorgt mich (vgl. Lk 12,29).

Gott füllt durch Jesus allen Mangel in meinem Leben aus (vgl. Phil 4,19).

Da Jesus für uns das Gesetz erfüllt hat, stehen uns auch die gesamten Segnungen aus 5. Mose 28, 1–14 zu (u. a. Fruchtbarkeit und Erfolg in jeder Lebenslage). Der Fluch jedoch, der später in diesem Kapitel beschrieben wird, wurde von Jesus Christus am Kreuz getragen (vgl. Gal 3,13) und gilt uns Christen heute nicht mehr.

Das vollbrachte Werk am Kreuz ist ein geschichtliches Ereignis, das sich durch die Weltgeschichte bis in unsere Gegenwart und in die Zukunft hineinzieht. Wir sehen seiner Vollendung nicht erst entgegen, sondern nehmen dieses lange vor unserer Geburt, doch bereits für uns geschehene Ereignis dankend an. Gott hat uns durch das Kreuz zu seinen eigenen Kindern gemacht. Wir sind Schwestern (und Brüder) Jesu und Erben seines Königreichs. Er hat uns mit Jesus auf eine Stufe gestellt (vgl. Kol 1,13) und sein Reichtum ist bereits unser Reichtum (vgl. Phil 4,19)!

Dies alles steht uns zu, wenn wir an das „vollbrachte Werk Jesu" glauben. Nichts davon bekommen wir, wenn wir es uns durch die Erfüllung von Geboten verdienen möchten. Entweder wir nehmen Gottes Geschenk dankend an und leben so, als würden wir es nicht nur angenommen, sondern auch ausgepackt haben, oder wir stellen dieses Geschenk unausgepackt auf unseren Geschenketisch und arbeiten unser Leben lang daran, durch unsere eigenen Anstrengungen dieses Geschenkes überhaupt erst würdig zu werden.

Wir haben alle die Möglichkeit, im Vertrauen auf Gottes Gnade alles abzugeben, was uns gefangen hält und niederdrückt, und in Dankbarkeit alles anzunehmen, was uns durch Jesus geschenkt wurde: Frieden, Ruhe, Heilung, Vergebung, Vertrauen, Liebe, Versorgung, Schutz. Entweder wir nehmen diese Dinge dankend an und leben in der Mentalität einer Königstochter oder wir darben dahin in einer verbitterten Knechtsmentalität.

Leben im Neuen Bund – ganz praktisch
Kurz nachgedacht – tief eingetaucht

- Fällt es dir leicht, das Geschenk anzunehmen, durch Jesus Christus gerecht gemacht worden zu sein, oder versuchst du, dir in manchen Bereichen dieses Geschenk noch zu verdienen beziehungsweise dich dieses Geschenkes würdig zu erweisen? Bei Gott zählt nur eines: die unverdiente Gnade! Sie uns verdienen zu wollen, beeindruckt ihn nicht. Wenn es dir suspekt vorkommt, dass auch du diese Botschaft noch nie richtig verstanden hast, dann forsche selbst in der Bibel nach. Mach dich auf die Socken und entdecke die Botschaft des Neuen Bundes in der Bibel höchstpersönlich. Der Heilige Geist wird dich leiten.

- Lies die Geschichte vom verlorenen Sohn in Lukas 5,11–32 und überlege dir, nach welchem Bund die zwei Brüder wohl lebten und welche Mentalität dir vertrauter ist: Kannst du das Fest des Vaters genießen oder verzichtest du darauf, arbeitest stattdessen hart und neidest deinen feiernden Glaubensgeschwistern?

- Was beinhaltet für dich die Aussage Jesu: „Es ist vollbracht"? Allzu oft fällt Christen dazu allein die Sündenvergebung ein. Doch es steckt weit mehr darin verborgen. In den Briefen des Neuen Testaments benutzten die Schreiber immer wieder Formulierungen wie „in Christus/in ihm" und „durch Christus/durch ihn". Jede dieser Aussagen erinnert den Leser daran, was Jesus uns durch seinen Tod am Kreuz bereits schenkte. All diese Verheißungen dürfen wir dankend annehmen und mit dieser Gewissheit über sie leben. Ich ermutige dich deshalb dazu, im Neuen Testament einmal nach genau diesen Bibelstellen zu stöbern und dann die genannten Verheißungen bewusst für dich zu ergreifen. Besonders die Briefe von Paulus sind voll von diesen wertvollen Schätzen. Die besagten Bibelverse darfst du dann gerne in die „Ich-Form" umwandeln und aufschreiben, da wir jeden einzelnen dieser Verse auch als an uns gerichtet lesen dürfen – und sogar sollten. Nur dann können wir sie tief im Herzen anerkennen und auf uns beziehen. Du bist ein Kind Gottes und darfst deinen Namen in Bibelstellen mit Zusagen und Verheißungen Gottes einsetzen. Als Beispiel sei hier eine meiner Lieblingsstellen genannt: „Gott, gibt mir, Irene, alles aus seinem großen Reichtum, was ich zum Leben brauche" (Phil 4,19).

Kapitel 3

Gott, dein „Beflüglungshelfer" – Lerne hinzuhören, wie Gott dich in die Freiheit ruft

Gott gab uns nur einen Mund,
aber zwei Ohren, damit wir doppelt
so viel zuhören wie reden.
– Johann Wolfgang von Goethe –

3.1 Spitze deine geistlichen Ohren –
werde eine Hörende und Empfangende!

Jede Beziehung baut auf Kommunikation auf. Durch diese kann erst eine Ebene des Vertrauens geschaffen und zwei Herzen vereint werden. Das Reden nimmt dabei denselben Stellenwert ein wie das Zuhören. Nur wenn sich beides in guter Balance befindet, kann Beziehung wachsen, gedeihen und Intimität entstehen. Den meisten Christen ist das eigene Reden im Gebet viel vertrauter und selbstverständlicher als das Hören auf Gottes Stimme. Ich zumindest verband Gottes Wort in erster Linie mit der Bibel und nicht mit einem direkten kommunikativen Geschehen. Ich erahnte früher gar nicht, wie vielgestaltig Gottes Reden sein kann. Es ist von großer Wichtigkeit, dass wir mit Gott in einer intimen und vertrauten Beziehung leben, wenn wir beflügelt statt erschöpft durch unser (Glaubens-)Leben kommen wollen.

Zehren wir doch von dieser Beziehung Tag für Tag, ein ganzes Leben lang. Aus der Geborgenheit dieser Beziehung heraus kommt der Frieden, den wir uns alle so ersehnen und dessen Tiefe unseren Verstand zu übersteigen vermag. Ist die Kommunikation mit Gott gestört oder unterbrochen, leidet unweigerlich auch die Intimität unserer Beziehung zu Gott. Ich selbst erlebte eine solche Kommunikationsblockade und empfand meine Beziehung zu Gott über viele Jahre hinweg als Sackgasse, aus der ich einfach keinen Weg herausfinden konnte.

Ich hatte zwei Probleme mit dem Reden Gottes. Das erste Problem war mein großer Wunsch an Gott, dass er mir einmal persönlich begegnen möge. Natürlich nicht gleich auf der Straße, aber mindestens im Traum oder mit einer akustisch hörbaren Stimme. Jedes Mal, wenn Christen in meiner Umgebung davon sprachen, dass Gott zu ihnen geredet habe, schlackerten mir die Ohren.

Auch in Büchern las ich von anderen Christen, die ganz deutlich die Stimme Gottes gehört hatten, denen Engel erschienen waren und die wirklich spannende Geschichten mit Gott erzählen konnten. Doch um mich herum blieb es einfach still. Bis zum heutigen Tag hat sich mir leider weder Gottes akustische Stimme noch ein Engel offenbart. Aber ich warte weiter. Ich werde mein ganzes Leben auf so eine außergewöhnliche Begegnung warten, denn die Hoffnung stirbt bekanntlich zuletzt.

Mein zweites Problem mit dem Reden Gottes betraf unsere gemeinsame Kommunikation. Über Jahre hatte ich das Gefühl, dass ich eine ziemlich einseitige Beziehung mit Gott führte. Ich redete, er hörte nur zu. Dass er mir jedoch auf mein Reden auch Antworten gab, schien mir noch unvorstellbar. Was machte ich falsch? Jeder andere schien das Reden Gottes zu hören, nur ich war offensichtlich irgendwie taub auf dem Ohr. Wenn ich mal wieder enttäuscht von Gottes Schweigen war, sagte mein Mann zu mir: „Schatz, Gott spricht in deinem Inneren. Höre in dich hinein und sei dankbar für das, was du hast, anstatt dich bei Gott über das beklagen, was du nicht hast." Doch ich war einfach nur frustriert.

Irgendwann habe ich aufgehört, den tollen Erzählungen anderer Christen zuzuhören, Gott um ein hörbares Zeichen anzuflehen – und überhaupt noch irgendetwas von ihm zu erwarten. Ich habe einfach geschmollt. Wie ein kleines, trotziges Kind. *Gott ist doch nichts unmöglich, warum hört er nicht auf mein Flehen und erfüllt mir einfach meinen Wunsch?*, dachte ich mir immer wieder. Doch dann entschied sich Gott, zu mir durch ein Buch zu sprechen. Aber das auch erst viele Monate nach meiner unfreiwilligen Ruhepause. In meinen Augen kam seine Antwort ganz schön spät, doch in Gottes Augen kam sie genau richtig. Ich sollte vorerst das Thema „Liebe" vertiefen und wirklich begreifen, bevor ich mich einem neuen Thema zuwende. Und so begriff ich durch Kolosser 1,27, dass Jesus Christus durch seinen Heiligen Geist tatsächlich längst in mir war: „Dabei geht es um ein unbegreifliches Wunder, das Gott für alle Menschen auf dieser Erde bereithält. Ihr, die ihr zu Gott gehört, dürft dieses Geheimnis verstehen. Es lautet: Christus lebt in euch! Und damit habt ihr die feste Hoffnung, dass Gott euch Anteil an seiner Herrlichkeit gibt".

Zum ersten Mal begriff ich die Botschaft „Jesus in mir" bewusst. Der wahrhaftige Gott als Quelle allen Lebens ist in mir selbst präsent. Ich muss keine heiligen Orte aufsuchen oder erst zu christlichen Events pilgern, um Gott zu erleben, da seine Gegenwart bereits in mir ruht. Und seine Gegenwart in mir lässt mich teilhaben an seiner Herrlichkeit. Dies gilt nicht erst für den Himmel, sondern genau für hier und heute und meinen Alltag. Ich kann Gott also weder verpassen noch verlieren. Wenn Gott in dieser Welt wirkt, dann bin ich mittendrin im Geschehen, weil Gott in mir ist. Um Gott hören, spüren und ihm begegnen zu können, musste ich also tatsächlich anfangen zu lernen, in mich hineinzuhören und dafür die Stille bewusster zu suchen.

Ich versuchte, mich von meiner Sorge und meiner Erwartung zu befreien, Gott spüren und hören zu müssen, um mir seiner Zuwendung und seines Wohlwollens auch gewiss sein zu können. Langsam verstand ich: Meine Empfindungen spiegeln nicht die Wahrhaftigkeit seiner Gegenwart in mir wider. Meine Schlussfolgerung „Ich höre ihn nicht, also spricht er nicht" entsprach also nicht der Wahrheit.

* * *

Eines Abends stand ich in der Küche, schnitt Tomaten für einen Salat und hörte mir einen britischen Klassikmusiksender im Radio an. Es lief gerade ein schönes Stück und ich dachte mir: „Ach, wenn doch auch einmal der Soundtrack des Films *La La Land* kommen würde." Dann schweiften meine Gedanken zu Jesus und ich sagte ihm (wieder einmal!): „Jesus, wenn du mit mir nicht endlich klar und deutlich redest, habe ich wirklich das Gefühl, dass ich mich nur mit mir selbst unterhalte. Es ist doch keine Beziehung, wenn immerzu nur ich rede. Warum redest du nicht endlich auch hörbar mit mir?"

Mittlerweile war das schöne Musikstück zu Ende gespielt. Beim darauffolgenden Stück wollte ich kaum meinen Ohren trauen: Es war das *La La Land*-Stück, das ich mir zuvor gewünscht hatte, und es lief sogar in der langen Version, ganze acht Minuten lang. Jesus hatte hörbar auf mein Jammern geantwortet. Zwar nicht so, wie ich es mir vorgestellt hatte, aber sein kleiner Liebesgruß war bei mir angekommen! Ja, Jesus hört mich und er schickt auf seine Weise immer mal wieder seine ganz persönlichen Antworten. Meine Angst, dass Gott kein Interesse daran habe, sich mit mir zu unterhalten, war unbegründet. Dass Gott zu uns spricht, steht außer Frage! Die Frage sollte eher heißen: WIE redet Gott zu uns?

Gott erschuf den Menschen nach seinem Ebenbild, um mit ihm Gemeinschaft zu haben. Er kann nicht anders, als mit uns zu kommunizieren. Denn sein größter Wunsch besteht darin, mit uns Menschen zusammen zu sein. Er besuchte Eva und Adam sogar täglich (!) im Garten Eden und sie gingen zusammen spazieren. Gott begreift sich außerdem als Vater. Wie kann ein guter Vater nicht mit seinen Kindern reden wollen? Sein Herz vergeht vor Sehnsucht nach uns. Wir wurden erschaffen, um eine Beziehung zu ihm zu haben und seine Stimme zu hören. Und ich durfte lernen, es auf vielfältige Art und Weise zu tun.

3.2 Die unterschiedlichen Redensarten Gottes

Die Schöpfung

Eine der Sprachen Gottes ist, so simpel es auch klingen mag, seine Schöpfung. Gott hat sich bei jedem noch so kleinen Detail etwas gedacht. Die Natur hilft dir vielleicht nicht bei deinem aktuellen Problem, aber sie hilft dir, den Blick nach oben zu richten: der

Sonnenaufgang, der wolkenlose, strahlende Himmel – denkst du wirklich, dass all das zufällig geschieht? Gott will diese Anblicke denjenigen schenken, die kurz innehalten. Denjenigen, die den frischen Duft der Luft bewusst einatmen und beglückt zum Himmel hinaufschauen; denjenigen, die sich von dieser Schönheit ein Lächeln ins Gesicht zaubern lassen und die das herrliche Gefühl kennen: Alles ist perfekt erschaffen, alles harmoniert miteinander.

So ist Gott. Er allein hat die gesamte Schöpfung und damit auch unser gesamtes Leben in seiner Hand. Schauen wir uns nur die geniale Ordnung in der Natur an. Alles ergibt einen Sinn. Wir können so vieles von der Schöpfung auf unser Leben übertragen. Durch die Schöpfung spricht Gott wie durch Bilder und Gleichnisse zu uns.

Eine Zeit lang habe ich mich gefragt, warum mancher Weg in meinem Leben so hart, langatmig und kräftezehrend gewesen ist. Warum hatte Gott mir so manches Problem nicht einfach erspart oder aus dem Weg geräumt? Irgendwann habe ich dann einen kurzen Film über die Verpuppung von Raupen gesehen, die später zu Schmetterlingen werden. Aber bis der fertige Schmetterling schließlich aus dem Kokon schlüpft, dauert es lange. Der Prozess ist anstrengend und kräftezehrend.

Wenn man ihn beobachtet, kommt in einem der große Wunsch auf, dem kleinem Ding zu helfen. Man möchte hier und da einfach etwas vom Kokon entfernen und schon wäre der kleine Flattermann frei. Doch leider würde er so nie fliegen können. Durch die gut gemeinte Hilfe hätte er seine Flügel nicht ausreichend stärken können, da das „Training" durch den Befreiungsprozess entfallen wäre. Jedes Mal, wenn ich das Gefühl habe, es ist ungerecht, dass ich etwas auf kräftezehrende Art und Weise erlernen muss, dann erinnere ich mich nun daran, dass es vermutlich der einzige Weg ist, um gestärkt und vorbereitet für die neue Situation zu werden. Ich werde dank meiner Ausdauer in der Vorbereitungszeit später „fliegen" können. Und Gott steht neben mir, schenkt mir seine ganze Aufmerksamkeit und ermutigt mich mit seiner Gegenwart. Ich durfte ganz neu erkennen: Gott nimmt mir manche Probleme nicht ab und räumt schwierige Situationen in meinem Leben nicht einfach aus dem Weg, weil ich sonst kraftlos und ängstlich bleiben würde.

Die Schöpfung erzählt uns so viel über das Leben. Lass dich darauf ein und erforsche die Stimme Gottes in der Natur. Und so manches Mal lässt dein Schöpfer nur für dich ein süßes Eichhörnchen deinen Weg kreuzen oder eine besondere Blume am Wegesrand erblühen, und zwar nicht, weil der „Zufall" es so will, sondern weil er dir einen persönlichen Liebesgruß schicken möchte. Also, geh spazieren oder schau dir auch mal ein paar Naturbücher an. Es gibt wirklich spannende Fakten über Pflanzen und Tiere, die dir Gottes Genialität vor Augen malen.

Die Bibel

Jeder Mensch auf Erden, der seine Augen öffnet, kann durch die Schöpfung Gott reden hören, auch wenn nicht jeder Mensch diese Sprache versteht. Durch sein geschriebenes Wort, das Gott durch die Bibel an uns weitergibt, spricht Gott klar und deutlich zu allen Menschen. Die gesamte Bibel ist vom Heiligen Geist inspiriert und somit ein Buch, das Gottes Handschrift trägt. Wir wüssten nichts von Gottes Liebe, wenn die Israeliten, Gottes Volk, und die ersten Christen diese inspirierten Worte nicht aufs Papier gebracht hätten. Auch der gesamte Rettungsplan Gottes für die Menschheit, dessen Höhepunkt der Tod und die Auferstehung Jesu Christi war, wäre uns verborgen geblieben. Die Bibel stärkt uns, führt uns, weist uns zurecht und zeigt uns den Weg zum Vater.

Um die Bibel richtig zuordnen und verstehen zu können, ist es von großer Wichtigkeit zu wissen, was das Alte Testament vom Neuen Testament unterscheidet. Den meisten Christen – so auch mir – wurde ans Herz gelegt, dass beide Testamente Gottes Wort sind und in ihrer Wichtigkeit für uns auf einer Ebene stehen. Also bemühte ich mich von Kindheit an, die Diskrepanz des im Alten Testament bisweilen zornigen, gewalttätig auftretenden Gottes und des im Neuen Testament gnädigen und liebevoll handelnden Gottes zu vereinen.

Ja, ich bemühte mich, viele Aussagen beider Testamente, die sich klar und deutlich widersprachen, nicht zu hinterfragen, sondern den Widerspruch im Glauben hinzunehmen. Was immer noch zu vielen Christen anscheinend nicht zutiefst bewusst ist: Das Alte Testament ist bis zum heutigen Tag auch die jüdische Bibel und die Verpflichtung auf die Gebote der fünf Bücher Mose gilt allein Israel. Es ist die Geschichte, die Gott mit seinem Volk Israel geschrieben hat. Es ist das Zeugnis einer Bundesgemeinschaft, die er allein mit diesem Volk führte (vgl. Röm 9,1–5; 11,1–2).

Das jüdische Alte Testament und das christliche Neue Testament, die zusammen unsere Bibel bilden, gehören dennoch untrennbar zusammen. Beide Bücher sind von inspirierten Autoren verfasst worden. Immer wieder wird in den Schriften des Alten Testaments auf Jesus hingewiesen. Dieser Fingerzeig auf Jesus hin verbindet beide Testamente und macht sie zu einem einzigen großen Zeugnis von Gottes Sehnsucht danach, inmitten seiner Geschöpfe gegenwärtig zu sein. Das Alte Testament ist für uns außerdem von fundamentaler Bedeutung, um zu verstehen, welchen Platz wir als Christen in Gottes Heilsgeschichte einnehmen (vgl. Röm 11,11–21).

Trotz alledem sind die fünf Bücher Mose und die darin enthaltenen Gebote an das Volk Israel und nicht an uns gerichtet (vgl. Gal 3,10–14; Röm 9,4–5). Dieses Wissen ist notwendig, um den Alten und den Neuen Bund nicht miteinander zu vermischen. Erst wenn wir das Alte Testament durch die Brille des Neuen Bundes, also vom vollbrachten Werk am Kreuz her, betrachten und nicht das alttestamentliche und neutestamentliche Gottesbild miteinander vermischen, können wir Gottes Reden durch die Schrift in unserem Alltag richtig einordnen.

Erst mit diesem Wissen war ich in der Lage, das Chaos in meinem Kopf zu sortieren und Gott tatsächlich nicht entschuldigen, erklären und verteidigen zu müssen, sondern stehen lassen zu können. Besonders der Inhalt des Neuen Testaments lenkt unser Augenmerk immer wieder darauf, was Jesus uns mit auf den Weg geben wollte und worauf es im Leben wirklich ankommt: auf die Liebe zu Gott sowie zu deinem Nächsten und zu dir selbst (vgl. Mk 12,29–31).

Wenn du einen gesunden und freudvollen Zugang zur Bibel hast, dann ist das viel wert. Wenn du jedoch bis heute Schwierigkeiten damit hast, einen ungezwungenen Zugang zur Bibel zu finden, dann wünsche ich dir, dass Gott dir einen Weg aufzeigt, wie die Sehnsucht nach seinem Wort in dir Gestalt annehmen kann. Habe den Mut, festgefahrene Strukturen bei deinem Zugang zur Bibel zu ändern und neue Herangehensweisen auszuprobieren.

Setze zum Beispiel bewusst deinen Namen in Bibelverse ein, somit personifizierst du diese und sie sprechen dich direkt an. Oder du hörst dir die Bibel als Hörbuchformat an. Besonders durch das gehörte Johannesevangelium durfte ich Jesus ganz neu erleben.

Der Heilige Geist

Eine dritte Sprache, mit der Gott zu unseren geistlichen Ohren spricht – und zwar auf ganz besondere und persönliche Weise –, ist das Reden durch seinen guten Heiligen Geist.

Gott als Vater ist jedem Christen bekannt. Er ist unser Schöpfer und mit seiner Vaterliebe überblickt er unser ganzes Leben. Ihm sollten wir mit kindlichem Vertrauen, mit Dankbarkeit und Lob begegnen. Die zweite Person der Dreieinigkeit, Jesus, sprechen wir als Gottes Sohn, Erlöser und unseren Freund an. Er ist uns in all unserer menschlichen Schwachheit gleich geworden und hat uns durch seinen bereitwilligen Opfertod am Kreuz das ewige Leben geschenkt. Er hat uns die tiefe Liebe unseres himmlischen Vaters nahegebracht und vorgelebt. Mit ihm können wir eine innige Freundschaft und Beziehung pflegen, da er uns jederzeit mit Liebe und Achtung zur Seite steht.

Die dritte Person ist der Heilige Geist, unser Fürsprecher und Tröster. Er ist kein flüchtiges Wesen oder nur ein Windhauch Gottes, wie viele ihn sich vorstellen, sondern als eine Person anzusprechen, genau wie der Vater und der Sohn. Wir glauben an einen Gott, der in engster Harmonie seiner Persönlichkeiten existiert. Aber wie lässt sich das fassen, was uns eigentlich so unfassbar erscheint?

Am Tag unserer Bekehrung ist der Heilige Geist in uns eingezogen (vgl. Joh 14,23; 1. Kor 3,16; 2. Kor 6,16). Paulus schreibt dazu (vgl. 1. Kor 3,16): „Wisst ihr nicht, dass ihr Gottes Tempel seid und dass Gottes Geist in eurer Mitte wohnt?" Als Tröster und Beistand soll er unser ständiger Begleiter sein (vgl. Joh. 16,17). Durch ihn lebt Gott in uns. Warum nur sollte Gott sich so etwas ausgedacht haben? Um uns besser „kontrollieren" zu können? Nein, ganz sicher nicht. Wir sind mit seinem Geist verbunden, damit er mit uns und wir mit ihm jederzeit vertraut reden können und er uns sicher führen kann. Ist das nicht herrlich?

Ich habe – wie vielleicht viele andere Christen auch – ständig Hilfe, Rat, Zuspruch oder Prophetien von anderen Menschen gesucht, weil ich dachte, dass mein Gegenüber, oder zumindest der Gemeindeleiter, doch sicherlich mehr vom Heiligen Geist erfüllt sei als ich selbst. Aber Gott kennt kein Ansehen der Person. Gottes Präsenz und Herrlichkeit ruhen in gleicher Weise in dir, wie sie es in mir oder in deinem Pastor oder deiner Leiterin tun. Ganz egal, ob es dir als Christ bewusst ist oder nicht, wenn Gott durch seinen Heiligen Geist in dir Wohnung genommen hat, dann ist im persönlichen Zwiegespräch mit Gott seine Stimme auch nicht woanders zu finden und zu hören als in dir selbst. Der einzige Unterschied besteht darin, dass manche Christen gelernt haben, die Stimme Gottes in sich selbst besser wahrzunehmen und auf sie zu reagieren. Wenn du eine Sehnsucht nach Gottes Stimme in dir spürst, dann mache dich auf und werde eine Hörende. Es steht dir nichts im Weg. Der Heilige Geist wird dich führen. Johannes schreibt sogar in 1. Johannes 2,20, dass wir Christen alle dieselbe Salbung haben und der Heiligen Geist uns alles nötige Wissen vermitteln kann.

Die Aufgabe des Heiligen Geistes ist es, uns zu trösten, uns in die Wahrheit zu führen und im Leben zu leiten. Gott wusste, dass wir Menschen oftmals wie Blinde durch seine Schöpfung irren würden. Daher hat er jedem Menschen, der sich bekehrt hat, mit seinem Heiligen Geist ein eigenes Navigationssystem eingebaut. Das in diesem Navi eingespeicherte Ziel ist Gottes ewige Gegenwart. Der Weg, den wir auf dieser Reise nehmen, ist ein Weg in der Nachfolge Jesu (vgl. Joh. 14,6). Für diesen Weg ist uns Gottes guter Geist ein Licht, das uns im Leben die richtige Richtung weist. „Denn die sich vom Geist Gottes leiten lassen, sind Kinder Gottes" (Röm 8,14; EU).

Doch obwohl alle bekennenden Christen den Heiligen Geist in sich haben, lassen viele ihr „Navi" einfach aus; andere wissen nicht so recht, wie man es bedienen soll. Ich selbst erforsche noch immer alle „Funktionen", um sicherer im Gebrauch zu werden. Andere Christen sind bereits so mit ihrem „Navi" vertraut, dass sie sich von Abenteuer zu Abenteuer von Gott leiten lassen. Sie vertrauen dem Heiligen Geist voll und ganz und lassen sich tagtäglich von ihm führen und korrigieren.

Dadurch, dass Gott durch seinen Heiligen Geist in uns lebt, sollten wir keine Angst mehr haben, dass er nicht (mehr) da ist und nicht mit uns reden will. Auch wenn Gott über Monate hinweg schweigen sollte, dann sorge dich nicht, dass er sich von dir abgewandt haben könnte. Er ruht immer in dir. In meiner persönlichen Beziehung mit Gott scheint er größtenteils zu schweigen. Obwohl ich täglich viel Zeit in der Stille mit Gott verbringe, bewegt er nur ab und zu meine Gedanken in eine besondere Richtung oder legt mir etwas direkt aufs Herz. Er führt und leitet mich täglich, das steht für mich außer Frage. Aber dass er mir *spürbar* innerlich begegnet, das passiert eben nicht täglich.

Manchmal sagt mir sein Schweigen auch einfach: „Geh und meistere mutig deinen Alltag. Genieß diese Phase deines Lebens. Ich bin immer bei dir, wenn du mich brauchst." Wenn ich mir anschaue, wie Gott in der Bibel und in Lebensberichten zu anderen Menschen gesprochen hat, dann sehe ich, dass er seinen Kindern immer mit Ruhe, Liebe und Sanftmut begegnet. Er würde sich niemals aufdrängen. Er schreit auch nicht über unseren Radio- oder Fernsehlärm hinweg oder rennt uns schwer atmend hinterher, um uns noch schnell eine Weisheit mit auf den Weg zu geben. Gott ist die Ruhe in Person.

Er schreibt dir auch keine Postkarte mit den Worten: „Du lebst gerade nicht deine wahre Bestimmung. Der Job macht dich nicht glücklich. Deine Leidenschaft liegt ganz woanders. Es wäre lohnenswert, die Stelle zu wechseln." Nein, sein Reden ist meistens still und liebevoll. Wenn wir unser Leben entschleunigen, dann werden wir beginnen, dieses leise Reden Gottes besser wahrzunehmen. Werde still und höre in dich hinein.

Der Heilige Geist hat viele Wege, um uns zu korrigieren, zu stärken und zu leiten. Das kann durch ein starkes inneres Empfinden sein, das uns dazu drängt, eine Sache zu tun oder auch sein zu lassen; das kann durch schleichende, zunächst kaum bemerkbare Prozesse der inneren Veränderung sein; durch andere Menschen, die dir genau das richtige Wort zur richtigen Zeit sagen; durch Gedankenimpulse, die eine außergewöhnliche göttliche Klarheit haben, oder auch durch Träume, übernatürliche Visionen und konkrete Bilder und Eindrücke beim Beten. Es muss beim Reden des Heiligen Geistes übrigens nicht immer nur um hochgeistliche Dinge gehen. Du kannst den Heiligen Geist auch jeden Morgen, bevor du deine To-do-Liste machst, fragen: Was ist genau heute dran? Wofür soll ich heute die Kraft, die mir zur Verfügung steht, einsetzen? Es könnte durchaus ein wichtiges Telefonat, ein frischer Kuchen für den Nachbarn oder ein Päckchen für eine leidende Familie daraus entstehen.

Wenn wir unsere Erledigungen nicht auf der Grundlage von Aktionismus und gefühltem Dauerstress angehen, sondern uns auch und gerade in diesem ganz alltäglichen Bereich auf Gott verlassen, der schon weiß, was der Tag bringt und wofür unsere Kraft reicht, werden wir deutlich weniger Gefahr laufen auszubrennen.

Wichtig ist mir an dieser Stelle noch einmal, auf Folgendes hinzuweisen:

1) Glauben hat meiner Meinung nach viel mit Gefühl zu tun, auch wenn manche dies gern herunterspielen möchten. Wenn Gott mir als Frau in seiner schöpferischen Weisheit ein emotionales und mitfühlendes Wesen geschenkt hat, dann kann ich dieses Wesen in meinen Glaubensfragen doch nicht einfach ausblenden. Mit Gott zu leben, ihm zu begegnen und ihn als meinen Schöpfer zu feiern, bedeutet für mich daher auch, mir meiner Gefühle ihm gegenüber bewusst zu werden.

Wir sollten dabei jedoch beachten, dass nicht jedes Gefühl gleich ein Reden Gottes sein muss oder mir etwas über die Qualität meiner aktuellen Verbindung zu Gott sagt. Wenn ich mich zum Beispiel so fühle, als ob Gott mir fern ist, dann entspricht dieses Gefühl jedoch nicht der geistlichen Realität. Gott ist nämlich niemals fern. Er wohnt in uns! Oder auch, wenn wir uns nach unserer Entscheidung für Jesus nicht errettet oder uns gar ungeliebt fühlen, so entspricht dies nicht der Wahrheit. Denn Gottes Liebe ist unwiderruflich. Jesus spricht im Johannesevangelium davon, dass niemand uns aus Gottes Hand reißen kann (vgl. Joh 10,28). Wenn wir uns für Gott entschieden haben, dann brauchen wir keine Angst mehr vor einer Strafe oder Trennung Gottes zu haben, egal was für Gefühle wir manchmal haben (vgl. 1. Joh 3, 20). Wir können uns seiner Liebe, seiner rettenden Hand, seiner Versorgung, seinem Schutz und seiner Gegenwart täglich sicher sein.

2) Auch sollten wir uns stets daran erinnern, dass der Heilige Geist uns niemals verdammen, verurteilen, herabsetzen oder uns schaden will. Er kann es nicht, weil es nicht seinem Wesen entspricht. Daher, egal, was dich im Leben oder in deinem Inneren herabsetzen und demütigen will, es ist NICHT der Heilige Geist! Prüfe den Ursprung dieser Gedanken und begegne ihnen mit Gottes Wahrheiten über dich. Ich war früher so gut darin, mich selbst zu tadeln, zu korrigieren und, ja, sogar zu verdammen. Es geschah ganz schnell. Alles, was ich tat, bewertete ich innerlich. Ich war selbst mein schärfster Kritiker. Und glaube mir, es kann auf Dauer ganz schön ermüdend sein, wenn man ständig unter dieser strengen Beobachtung lebt! Leider sind wir meistens wesentlich unbarmherziger mit uns selbst, als Gott es je mit uns sein wird. Daher ist es so wichtig, dass wir das Wesen des Heiligen Geistes kennenlernen, um differenzieren zu können, ob etwas von Gott kommt oder eben nicht. Und dem Wesen des Heiligen Geistes entspricht Folgendes: Er baut auf, stärkt dich, weist dir den Weg, weissagt dir, hilft dir, eine Entscheidung zu treffen, und korrigiert dich liebevoll, wenn du mal falsch abgebogen bist.

3) Da der Heilige Geist mit Jesus und dem himmlischen Vater eine Einheit bildet, stimmen sie (mit allem) immer überein. Das bedeutet, dass der Heilige Geist uns nichts mitteilen wird, was dem Wort Gottes widersprechen würde. Solltest du Weissagungen, Visionen oder einen Eindruck bekommen,

dann prüfe sie immer anhand der Bibel und was dir der Heilige Geist im Einklang mit Gottes Wort dazu sagt. Widerspricht der Inhalt der Weissagung oder der Vision Gottes väterlichem Versprechen, dich in Liebe anzunehmen und zu erretten, dann stimmt er nicht mit der Bibel überein. Bevor du deine eigenen Schlüsse aus etwas Gesagtem oder Geträumten ziehst, überprüfe diese mit dem Charakter Gottes.

Lebensträume und Leidenschaften

Ein weiteres Reden Gottes, das oft unterschätzt wird, sind unsere Lebensträume. Gott hat jedem von uns eine Leidenschaft, ein Brennen ins Herz gelegt. Er hat uns erschaffen, und zwar jeden so individuell, dass jeder Mensch seine eigenen Herzenswünsche in sich trägt. Manche haben ihre Leidenschaft zum Beruf gemacht, andere leben sie als Hobby aus. Wieder andere irren noch etwas ratlos umher und übernehmen so manches Mal Ämter in Gemeinden, die ihnen viel Kraft rauben, weil sie gar nicht ihrer Leidenschaft und Begabung entsprechen. Auch das kann dazu führen, dass wir ausbrennen – wenn wir nicht die Sachen ausleben dürfen, für die wir brennen!

Vielleicht kennst du es ja, dass du deine Begabungen und Träume schon einmal aufgrund eines falschen Pflichtbewusstseins an den Nagel gehängt hast, um bei Projekten auszuhelfen, für die dein Herz gar nicht brannte und für die du eigentlich auch gar nicht geeignet warst. Auf lange Sicht kann so etwas zu viel Frust und Erschöpfung führen, denn das Gegenteil von erschöpft ist, sich beflügelt und lebendig zu fühlen – und das tun wir in der Regel dann, wenn wir unseren Leidenschaften nachgehen. Unsere Träume und Sehnsüchte wurden uns von Gott höchstpersönlich ins Herz gelegt. Sie wollen gelebt werden und uns Freude, Sinn und Erfüllung schenken. Durch sie führt uns der Heilige Geist zu unserer wahren Bestimmung. Es lohnt sich also, seinen tiefsten Sehnsüchten und größten Leidenschaften nachzuspüren, denn sie können ein direkter Wegweiser in das Leben sein, das Gott für dich vorbereitet hat.

Unsere übergeordnete Bestimmung ist es, eine innige Gemeinschaft mit Gott zu haben, seine Liebe und seine frohe Botschaft zu den Menschen zu bringen, aber dann eben auch, unseren konkreten Platz in seiner Welt zu finden. Einen Platz, der unser Herz aufblühen lässt und uns Kraft schenkt, anstatt uns diese zu rauben. Gott liebt es, wenn seine Kinder endlich dem folgen, was er ihnen aufs Herz gelegt hat; wenn sie in der Position aufgehen können, wo sie mit Freude und Liebe Dinge gestalten und Gutes bewirken können. Sie engagieren sich nicht, weil sie sich verpflichtet fühlen, sondern weil ihr Herz dafür schlägt.

***

Du siehst, Gott hat enorm viele Möglichkeiten, um mit uns Menschen zu kommunizieren. Es steht außer Frage, *dass* er mit dir redet. Die Frage lautet vielmehr: Wie und durch was redet er mit dir? Denn das steht fest: Gott liebt es, mit dir Zeit zu verbringen und mit dir zu kommunizieren. Suche die Ruhe, lehne dich zurück, mach dir einen leckeren Tee oder Kaffee und genieße die Stille. In dieser Stille gibst du dem Heiligen Geist Raum, Gottes Stimme in dir erklingen zu lassen. Sensibilisiere deine Ohren und dein Herz für sein Reden. Renne nicht gleich los, weil du schon glaubst zu wissen, was Gott dir zeigen wird.

Gott hat so manches Mal andere Gedanken und Wege, als du sie dir vorstellen kannst. Werde still und höre in dich hinein. Dann fange langsam an, zu gehen und schaue, welche Türen sich öffnen und welche sich schließen. Nimm dir bewusst Zeit dafür und suche die Ruhe. Geh allein in ein schönes Café oder gehe spazieren. Du kannst auch ein leckeres Essen für dich zubereiten und decke auch für Jesus den Tisch. Stell dir vor, er sitzt dir gegenüber, denn genau das tut er tatsächlich. Bei diesem besonderen Abendessen kannst du dich dann ungestört in einem Zwiegespräch mit ihm unterhalten.

Wenn du Gott wirklich bittest, dir seinen Weg für dich zu zeigen und dir zu helfen, die richtige Entscheidung zu treffen, dann wird er es auch tun. Deine Entscheidungen werden nicht immer richtig sein, besonders wenn du erst anfängst zu lernen, auf die Stimme des Heiligen Geistes zu hören. Aber Fehler gehören dazu. Jedes Kind lernt durch Fehler. Das Wichtigste ist, es überhaupt zu versuchen und im Vertrauen loszugehen. Mit der Zeit wird dein Gang fester und die Stimme deines Herrn deutlicher erkennbar.

Gottes Güte liegt auf dir und deinem Leben. Seine Liebe umgibt dich täglich. Gott geht neben dir her und ist gleichzeitig immer in dir. Auch wenn du eine falsche Entscheidung getroffen hast, nimmt Gott dich liebevoll an die Hand und sagt: „Halb so wild. Das werden wir gemeinsam wieder hinbiegen! Ich kann aus allem etwas Gutes entstehen lassen!"

Paulus schreibt über diese besondere Verbindung: „Wenn ihr dagegen in enger Verbindung mit dem Herrn lebt, werdet ihr mit ihm eins sein durch seinen Geist" (1. Kor 6,17).

Diese enge Verbindung wird dir nicht durch puren Gehorsam geschenkt, sondern nur, wenn dein Herz Gottes Herz sucht. Niemand kann dich von Gott trennen. Du bist fähig, Gottes Stimme zu hören, und du bist fähig, dein Herz mit seinem zu verbinden. Durch Gottes Gegenwart in dir bist du fähig, sein ewiges, pures Leben durch dich fließen und aus dir herausströmen zu lassen. Halleluja!

Ein Christ, der auf Gottes Geist hört, lebt im Einklang mit Gott – und wird dadurch beflügelt statt erschöpft!

Gott zuhören lernen – ganz praktisch

Kurz nachgedacht – tief eingetaucht

- Auf welche Weise redet Gott zu dir? Welches Reden kam dir vertraut vor und welches Reden erschien dir (noch) fremd? Überlege dir, ob du in der nächsten Woche deine Sensoren für Gottes Reden erweitern und ein neues „Ohr" für ihn öffnen möchtest.

- Wann hast du das letzte Mal über deine Herzenswünsche nachgedacht? Oder lebst du diese bereits? Wenn deine Träume und Wünsche noch in der Luft hängen, nimm dir Zeit und setzte dich in Ruhe mit ihnen auseinander. Hör auf dein Herz: Bei welchen Themen schlägt es schneller? Was bereitet dir Freude? Was sind deine Begabungen, deine Leidenschaften? Manchmal hilft es zu träumen, weil beim Träumen der Verstand für kurze Zeit in den Urlaub darf. Während du träumst, stelle dir die Frage: „Wenn alles möglich wäre und Gott mir Gelingen schenken würde, was würde ich anpacken, wagen und umsetzen? Wo könnte und würde ich in fünf Jahren gerne stehen?" Es muss nicht immer gleich ein Großprojekt sein. Es kann auch nur ein neuer Gemeindedienst oder ein kleines Projekt in der Nachbarschaft sein. Ja, es kann sogar der große Wunsch nach weniger Projekten sein. Mach den ersten Schritt da, wo du stehst! Jede Reise beginnt immer mit dem ersten Schritt. Und dann geh mutig und an Gottes Hand voran. Probiere dich aus, entfalte dich und lebe deine Bestimmung! Genau da, wo du gerade stehst.

- Manchmal gibt dir der Heilige Geist auf gezielte Fragen eine konkrete Antwort. Eine solche Antwort kann anders ausfallen, als wir sie erwarten, aber oftmals trifft sie ins Schwarze.

Manchmal setze ich mich mit einem Block und einem Stift hin und stelle Gott laut eine Frage. Den ersten Gedanken, der mir daraufhin kommt, schreibe ich nieder. Dann notiere ich meine nächste Frage. Der nächste Gedanke wird wieder notiert. So entwickelt sich langsam ein Gespräch zwischen mir und Gott, das manchmal viel intensiver wird als ein „normales" Gebet. Wie es aussehen könnte, möchte ich hier an einem Beispiel festhalten. An diesem Tag habe ich mir vorgestellt, wie ich als 7-Jährige zu Jesu Füßen sitze:

Ich: Jesus, ich fühle mich so allein.

Jesus: Dein himmlischer Vater möchte nicht, dass du dich allein fühlst, du bist geliebt!

Ich: Hast du etwas mit mir vor?

Jesus (liebevoll): Natürlich! Ich wünsche mir, dass du deinen Weg gehst!

Ich: Aber warum höre ich Gott nicht? Warum ist er so still?

Jesus: Gott schweigt, weil deine Seele noch heilt. Lautes Reden würde sie aufschrecken.

Ich: Aber ich fühle mich so allein.

Jesus: Dann komm in meine Arme und spüre, dass du geliebt bist!

(Ich atme durch und klettere gedanklich auf Jesu Schoß.)

Ich: Du denkst, ich heile, während ich hier einfach rumsitze?

Jesus: Ja, meine Liebe heilt dich!

Ich: Was mache ich, wenn ich wieder falle und enttäuscht werde?

Jesus: Wieder auf meinen Schoß klettern!

Vielleicht möchtest auch du ein Gespräch führen, das manchmal eine interessante Wendung nehmen kann.

Kapitel 4

Gebet – Lass dich von Gott erfüllen, anstatt nur eine Pflicht zu erfüllen

Gebete ändern die Welt nicht.
Aber Gebete ändern die Menschen.
Und die Menschen verändern die Welt.
– Albert Schweitzer –

4.1 Gebet – Leistungssport oder Vertrauensübung?

Ein Leben im Gebet ist ein Leben am Herzen Gottes. Ich möchte dir kurz erklären, was ich darunter verstehe, da ich den Begriff „am Herzen Gottes" noch öfter verwenden werde. Immer wieder suche ich bewusst Auszeiten, in denen ich gedanklich (ich stelle es mir bildlich vor) zu Gottes Thron gehe. Manchmal setze ich mich dann auf den Schoß oder zu den Füßen Gottes, der für mich wie ein Wesen voller Licht und Wärme erscheint. Ein anderes Mal stelle ich mir wiederum vor, wie ich von Jesus liebevoll in den Arm genommen werde. Ich bin einfach still und lasse Gott, den Vater, und Jesus, den Sohn, ganz bewusst tröstende und aufbauende biblische Wahrheiten zu mir sprechen. Ihre Stimme ist liebevoll, warm und geduldig.

Bevor ich mir regelmäßig diese Auszeiten mit Gott und Jesus nahm, versuchte ich, mir diese Wahrheiten einzureden, doch dadurch wollte sich einfach kein tiefes Vertrauen in Gottes liebevolle Zusagen bei mir einstellen. Dadurch, dass ich mir die biblischen Wahrheiten immer nur mit Worten zusprach, blieben sie auf der Vernunftebene hängen. Doch als ich begann, mir vorzustellen, wie Gott selbst mir ganz nah an seinem Herzen dieselben biblischen Wahrheiten persönlich zusprach, merkte ich, dass sie endlich bis zu meinem Herzen durchdrangen und langsam ein tiefes Vertrauen und Frieden in mir wuchsen.

Gebet und „am Herzen Gottes sein" gehören für mich deshalb untrennbar zusammen. Ohne dieses verkümmert unser Christsein zur Religion und unsere Gemeinde zum reinen Kulturprogramm. Stellt sich doch die Frage: Wie kann ich zu meinem Gegenüber, zu Gott, eine Beziehung ohne Kommunikation aufbauen? Es ist schier unmöglich, einen Menschen näher kennen- und lieben zu lernen, ohne durch Kommunikation mehr von ihm in Erfahrung zu bringen und ohne das eigene Herz vor dem anderen zu öffnen. Im Gegenzug dazu bedeutet der Abbruch von Kommunikation die Entfremdung voneinander. Gebet ist demnach die Grundlage dafür, eine von Intimität geprägte Beziehung mit Gott aufbauen zu können. Wie eng oder distanziert unsere Beziehung zu Gott ist, hängt allerdings nicht von der schieren Menge an Worten ab, die wir in unsere Gebete hineinpacken, oder von der Länge unserer „stillen Zeit". Wir müssen uns darüber im Klaren sein, wofür Gebet von Gott eigentlich gedacht war. Ich musste innerhalb der letzten Jahre zunächst viele Irrtümer aus dem Weg räumen, um tatsächlich am Herzen Gottes anzukommen. Es ist mir ein ganz besonderes Anliegen, dein Herz im Takt von Gottes Herz schlagen zu lassen, sodass du aus deinem Gebetsleben Lebensenergie schöpfen und in deinen Alltagskämpfen siegreich bleiben kannst.

***

Mein Gebetsleben wurde in Verbindung mit meinen Entdeckungen zum Neuem Bund revolutioniert und geradezu auf den Kopf gestellt, war doch mein Gebetsleben zuvor ganz von der Prägung der Gemeinde bestimmt, zu der ich in Kindheit und Teenageralter gehörte. Dort lautete das Motto: „Ließ die Bibel und bete jeden Tag, egal ob es dir Freude bereitet oder nicht. Hauptsache, du tust es." Beten empfand ich daher immer als eines der langweiligsten Dinge meines Glaubenslebens.

Als ich mit 20 Jahren auf die Bibelschule kam, lernte ich eine junge Frau kennen, die es liebte zu beten. Alles und jeder wurde „bebetet". Ich fand es komisch und völlig unnötig, so viel Zeit ins Gebet zu investieren. Mit den Jahren traf ich auf mehr und mehr Frauen, die, wie meine Freundin aus der Bibelschule, große Beterinnen waren. Im Stillen begann ich, sie zu bewundern und ihre Begeisterung für Gebet sprang langsam auf mich über. Mit etwa 27 Jahren betete ich: „Herr, mache mich zu einer Beterin. Wecke mein Interesse am Gebet." Es vergingen weitere Jahre, in denen dieser

Wunsch noch unbeantwortet schien. Aber mit der Zeit wurde mir klar, dass Gott nach und nach etwas in mir angestoßen hatte. Unmerklich und von ganz allein wuchs tatsächlich meine Sehnsucht nach Gebet. Ich begann leidenschaftlich und viel zu beten. Voller Elan bestürmte ich Gottes Herz, um ihn zu bewegen und die Welt zu verändern.

Zu Beginn meiner Gebetsreise begann ich, ein Gebetstagebuch zu führen, um meine Gebete besser nachverfolgen zu können. Meine ersten fünf notierten Gebetsanliegen waren richtige Brocken. Zu diesen Anliegen zählten Themen wie: der Jähzorn eines Vaters in meinem Bekanntenkreis, Missbrauch in einer Familie, zwei Ehen, die auf eine Scheidung zusteuerten, und vier große Familienstreites, die kein Ende zu nehmen schienen. Ich habe immer wieder aus tiefstem Herzen für jedes Anliegen gebetet, wobei ich mir sicher war, dass Gott sich in einem halben Jahr jedem dieser Probleme angenommen haben würde. Dass Veränderungen nicht über Nacht geschehen, war mir ja bewusst, weshalb ich Gott immerhin sechs Monate Zeit geben wollte.

Zwei Jahre später sah ich jedoch leider immer noch weit und breit keine vorzeigbare Veränderung. Gebet begann, wieder zusehends zur puren Frustration für mich zu verkommen. Ohne sichtbare Veränderungen in meinem „bebeteten" Bekanntenkreis musste ich doch annehmen, dass Gott schlicht und ergreifend nicht auf mein Gebet reagierte. Doch ich blieb dran. Ich bebetete und bestürmte den Himmel täglich. Mein größter Ansporn war die Überzeugung, dass ich durch mein Gebet doch die Welt verändern konnte. Ich glaubte tatsächlich, dass es in meiner Hand lag, ob Gott Veränderungen schenken würde oder nicht. Ich stellte es mir so vor, als ob ich mit meinem Gebet Gott die „Samen für Veränderung" in die Hand geben würde, woraufhin er dann beginnen würden, aus diesen Samen die erwünschten Veränderung gedeihen und Neues wachsen zu lassen.

Ich betete für die kaputte Ehe meiner Freundin: Gott möge doch beiden mehr Liebe, Geduld und Achtung füreinander schenken, sodass in der gegenseitigen Vergebung Heilung in ihrer Ehe geschehen könne. Und ich war der Meinung, es wäre meine Aufgabe, Gott den „Auftrag zu geben", sich dieser Ehe anzunehmen. Ja, es hatte sich in mir die tiefe Überzeugung festgesetzt – die ich sicherlich so nie gewagt hätte, laut auszusprechen, aber die wohl auch von vielen anderen Christen geteilt wird –, dass Gott ohne unser Zutun, ohne unser Gebet, vollkommen untätig bleibt und Situationen und Menschen nicht verändert.

Dies würde bedeuten, dass eine enorme Verantwortung auf uns als Betern liegt, um Heilung, Schutz und Veränderung in die Welt hineinzutragen. Die Welt wäre dann auf unsere Gebete angewiesen, um überhaupt Veränderung aus göttlicher Hand empfangen zu können. Nun möchte ich hier keinesfalls die Macht von Gebet schmälern, und ich glaube auch nach wie vor, dass wir durch Gebet große Veränderungen bewirken können und es deshalb gut und sinnvoll ist zu beten, ABER es geht bei dem Ganzen nicht so sehr um meine „Gebetsleistung", denn Gott ist nicht auf mich angewiesen, um zu wirken.

Auch in der Aufforderung, „ohne Unterlass zu beten" (1. Thess 5,17) geht es nach meinem Verständnis nicht um das Ritual unseres regelmäßigen Betens, sondern vielmehr um unsere bewusste Verbundenheit mit Gott. Und diese Einheit lässt uns täglich mit Freude, Dank und Gebet vor Gott treten, ja mehr noch: Diese Verbundenheit lässt uns gar nicht mehr aus seiner Gegenwart heraustreten. Denn wir werden eins sein mit Gott, genau so, wie Jesus es sich beim Vater für uns erbeten hat (vgl. Joh 17).

***

In meiner damaligen Überzeugung jedoch segnete ich Häuser, Familien, Kranke und bebetete jeden und alles. Ich betete täglich um Liebe, Segen und Schutz für meine Kinder. Ich wollte überall auf „Nummer sicher gehen". Ich wollte in meinem Gebetsleben tadellos sein. Schließlich wollte ich doch, dass Gott stolz auf mich sein konnte.

Doch mit der Zeit erahnte ich ganz zaghaft, dass mit dieser Überzeugung etwas nicht stimmen konnte. Es konnte doch nicht sein, dass unser allmächtiger Vater, dessen Wille unsere Heilung, unser Schutz und Liebe, Annahme und Errettung sind, auf mein kleines Gebet angewiesen war?! Bekommt eine kranke Person denn keine Heilung, weil sie nur die Kraft für ein einziges Gebet hatte, um ihren Wunsch danach zu äußern, und sie vielleicht keine befreundete „Gebetsarmee" hinter sich stehen hat? Und was ist mit dem Segen? Bekommt mein Gegenüber keinen Segen von Gott, wenn ich ihn ihm nicht zuspreche? Hält Gott tatsächlich Segen zurück, den ich mir erst täglich „abholen" muss?

Es kann doch nicht meine Überzeugung sein, dass Gott tatsächlich wartet, bis ich endlich für jemanden bete, um dann handeln zu können. Gottes Ziel ist es, jeden Menschen zu unterstützen, Verletzungen und Wunden zu heilen, Verbitterungen aufzulösen und Frieden unter den Menschen zu stiften (vgl. Lk 7,22). Sein Anliegen ist es zu segnen, zu schützen und zu beschenken. Denke ich wirklich, dass Gott bei der in die Brüche gehenden Ehe einfach zuschaut und bei der Scheidung dann denkt: „Schade, hätte doch nur ein Einziger für diese Ehe gebetet, hätte ich sie retten können ..."? Was ist mit der Errettung unserer Mitmenschen? Denken wir tatsächlich, dass Gott die Hände gebunden sind, bis wir für eine bestimmte Person beten? Wie bedauerlich ist es dann um diejenigen bestellt, die von keinem mit einem Gebet bedacht worden sind? Und wie könnte ich mir jemals vergeben, wenn ich an einem Tag mal um keinen Schutz gebeten habe und mein Kind dann in einen Unfall verwickelt wird? Was hatte ich nur für ein trauriges und verzerrtes Gottesbild?

Ich rühmte mich meines Gebets, obwohl ich doch nur Worte plapperte. Was ich aber wirklich tat, war: Ich setzte Gottes Allmacht Grenzen, indem ich sie auf die bloße Reaktion auf mein Gebet reduzierte. Wieder einmal musste ich erkennen, welche fundamentalen Auswirkungen mein Gottesbild auf mein gesamtes Glaubensleben haben kann. Wieder einmal machte ich mich auf, Gottes Herz und Wesen besser zu verstehen und seinen Herzschlag zu spüren: Gott, wie bist du wirklich? Wie handelst du? Du bist doch viel barmherziger und fürsorglicher als jeder irdische Vater! Lass mich erkennen, was dein Herz berührt! Lass mein Herz mit deinem im Gleichklang schlagen! In Jesu irdischem Wirken erkennen wir Gottes Wesen (vgl. Joh 5,19). In seinem Handeln sehen wir, wofür das Vaterherz Gottes schlägt, doch nie wird seine Liebe zu uns so deutlich wie durch seinen Tod am Kreuz.

Wir müssen weder raten noch irgendetwas erahnen: Allein der Blick aufs Kreuz lässt uns Gottes Herzschlag spüren. Als Gott seinen Sohn Jesus am Kreuz für uns sterben ließ, hinterließ er damit eine Botschaft, die zweifellos alles über sein Vaterherz aussagt: „Durch das Opfer meines Sohnes ist der Weg zu mir frei. Ich sehne mich so sehr nach dir, mein Kind, dass ich meinen Heiligen Geist in dir wohnen lasse, um dir so nah wie möglich zu sein. Ich lasse weder dich noch deine Familie im Stich. Ich versorge und schütze euch euer Leben lang. Denn ich fülle allen deinen Mangel aus. Vertraue mir. Mit meinem Sohn habe ich dir bereits den vollen Segen, die volle Liebe, die vollständige Heilung, Rettung, Gnade und Vergebung aus meinem himmlischen Reichtum geschenkt. Ich führe und versorge dich täglich, ich liebe, segne und trage dich durch dein gesamtes Leben. Egal, ob du mich darum bittest oder nicht. Es ist eine Tatsache. Für die Dinge, die ich dir in meinem Wort zugesagt habe, musst du mich nicht mehr anflehen. Genau wie das vollbrachte Werk am Kreuz eine Tatsache ist, ist es eine Tatsache, dass ich dich nie allein lasse. Du bist vollkommen in meinen Augen. Verwandelt in das

Bild meines Sohnes Jesus, sehe ich dich als makellos an (vgl. 2. Kor 3,18). Dein Leben ist mein Leben; dein Alltag ist mein Alltag; jeder Gedanke, jede Situation ist auch meine Situation, denn wir zwei sind eins. Ich habe große und gute Pläne für dein Leben. Lass uns sie gemeinsam entdecken und umsetzen. Dein Leben, mein Kind, ist für mich wie ein Lobpreis, wenn du mir dankend vertraust."

* * *

Für mich bedeutet Gebet heute, sich der Einheit mit Gott bewusst zu werden. Es bedeutet wahrzunehmen, dass ein abgearbeiteter Katalog an Bitten und Flehen dich nicht näher zu Gott bringt. Es bedeutet, still zu werden und sich gedanklich an deinen himmlischen Vater anzulehnen und zu erspüren, was in seinem Herz vorgeht. In dieser innigen Nähe kannst du herausfinden, um was es in deinem Leben wirklich geht.

Es geht Gott nicht in erster Linie um die Ehe deiner Freundin, um eine neue Arbeitsstelle einer Bekannten oder um das verhärtete Herz deines Mannes. Gott geht es nicht um einen Dritten. Gott geht es um dich und um ihn. Es interessiert ihn, wie es in dir aussieht. Er möchte wissen, was die zerrüttete Ehe deiner Freundin mit dir macht. Du darfst ihm erzählen, wo du dir seine Hilfe erhoffst. Und er hält dich im Arm, wenn sich dein Herz vor Schmerz zusammenzieht in Anbetracht all des Leides auf der Welt.

Du darfst ihn bitten, dir zu zeigen, wo deine Hilfe im Leid ganz praktisch werden kann. Es interessiert ihn, woher deine Ängste kommen; warum du dich verpflichtet fühlst, jeden Tag um Schutz zu bitten, anstelle für diesen täglich nur zu danken. Gott möchte alle deine Gedanken im Gebet hören, um dir dann deine Last zu nehmen (vgl. Mt 11,28). Sein Wunsch ist es, dich von diesen schweren Gedanken zu befreien, dir neue Wege aufzuzeigen und dir seinen Frieden zu schenken.

Den Frieden, der sich mit dem Bewusstsein einstellt, dass er sich bereits um all das kümmert, was uns bewegt (vgl. Ps 34,18; Mt 6,25). Jeder einzelne Mensch liegt ihm am Herzen, und zwar noch viel mehr, als er dir selbst am Herzen liegen könnte. Er kümmert und sorgt sich um jedes Menschenkind, weil es sein tiefstes Herzensanliegen ist (vgl. 1. Petr 5,7; Jes 41,10). Er interessiert sich für jeden einzelnen Gedanken, den du denkst, für jede einzelne ausgesprochene Bitte – aber nicht, um endlich etwas bewirken zu können – das schafft er auch ohne dein Zutun –, sondern um dich dein und sein Herz verstehen zu lassen.

Gott geht viel weiter, als nur auf unsere Bitten zu reagieren. Jedes Mal, wenn wir mit Gott über eine Situation, einen Menschen oder ein Problem reden, machen wir uns selbst klar, worin die Not unserer Meinung nach besteht. Wir betrachten sie von mehreren Perspektiven und fragen Gott nach seiner Sicht der Dinge. Aus diesem Zwiegespräch eröffnen sich dann neue Blickwinkel, neue Lösungsideen, aber wir finden auch Trost und Verständnis für besagtes Problem. Nicht selten erwächst aus diesem Zwiegespräch aber auch die Kraft zur Vergebung, wenn wir selbst verletzt wurden und Probleme mit einer bestimmten Person haben, und der Ansporn für große Taten, um etwas von der Hoffnung weiterzugeben, die wir gerade wieder bekommen haben.

4.2 Rede mit Gott von Herz zu Herz

Gebet ist eine echte Herzensangelegenheit, die die Tiefe unserer Beziehung zu Gott offenbart. Im Gebet geht es also nicht nur um das Bitten an sich, sondern es geht um das Zwiegespräch mit meinem himmlischen Vater. Denn worum soll ich noch bitten, wenn ich tief im Herzen davon überzeugt bin, dass er ein guter, liebender und fürsorgender Gott ist? Komme vielmehr vor ihm zum Schweigen und erfahre tiefen Frieden und Dankbarkeit in seiner Gegenwart. Gottes Güte liegt auf meinem Leben und ich vertraue ihm aus tiefstem Herzen (vgl. Ps 145,17; Lk 6,36)! Dank sei Gott, ich muss darum nicht erst bitten.

Soll ich um mehr Liebe für meinen Ehemann oder für meinen Nachbarn bitten? Die vollkommene Liebe ist durch den Heiligen Geist bereits in mir ausgegossen (vgl. Röm 5,5) – Dank sei Gott! Ich muss mich nur entscheiden, diese Liebe fließen zu lassen. Ich brauche nicht um Versorgung zu bitten, ich danke täglich, dass ich diese erhalte.

Selbstverständlich dürfen wir auch weiterhin bitten und unsere Wünsche und Sehnsüchte vor Gott bringen. Das steht außer Frage. Der einzige Unterschied liegt darin, dass Bitten unseren Fokus auf unseren Mangel und unsere Probleme legt, während der Dank für die Dinge, die Gott uns schon fest zugesagt hat, einen heilsamen Perspektivwechsel bringt und unseren Fokus auf den bereits vorhandenen Segen in unserem Leben legt.

Viele Christen, so auch ich, haben gelernt, aus einer Position heraus zu beten, die das Problem vor Augen hat. Wir bringen es sogar unseren Kindern schon unbewusst bei: Wir sehen ein Problem und kommen damit zu Gott. Wir knien nieder vor dem Problem und bitten und flehen, dass Gott es löst, es irgendwie wiedergutmacht. Wir lassen unser Augenmerk stets darauf ruhen. Wir betrachten und bebeten unsere Sorgen, solange sie aktuell sind. Das ist ein Gebet aus der Position der momentan erfahrenen Niederlage. Unser Verstand betet zu Gott und hofft, während unser Herz verzagt, weil es immer wieder mit dem Problem konfrontiert wird.

Viele Menschen haben bereits Erfahrungen gesammelt, in denen ihr Gebet nicht erhört wurde und sie allein und verletzt zurückblieben. Diese Erfahrungen haben sich in ihr Herz eingebrannt. Also knien wir nieder und bestürmen den Himmel. Wird unser Problem behoben, so stehen wir erleichtert wieder auf, danken Gott und sind froh, dass Gebet eben doch noch wirkt. Wenn wir jedoch trotz Gebet keinerlei Veränderungen sehen, so beten wir oft noch intensiver, rufen vielleicht noch die Gemeinde als Gebetsunterstützung dazu. Denn manchmal zweifeln wir dann doch und fragen uns, ob wir Gott wirklich wichtig genug sind, dass er uns einfach hört und erhört, weil wir eben sind, wer wir sind.

Wenn unsere Gebete dann erhört werden, danken wir Gott und sind ermutigt. Wenn unsere Gebete aber scheinbar nicht erhört werden, dann verzagt unser Herz und die Enttäuschung über Gott oder über unsere eigene Unfähigkeit, „genug Glauben aufzubringen", macht sich breit und wir verlassen unsere Zeit mit Gott gebückt und niedergeschlagen. Solange unser Blick nur auf dem Problem haftet, sind wir nicht imstande, die Macht, die Herrlichkeit und das Wesen Gottes wahrhaftig zu erfassen. Die Kraft liegt nicht in der Menge und Ausdauer unseres Gebets, sondern in der Kraft unseres liebenden Vaters.

***

Solange wir problemorientiert beten, wird unser Herz immer wieder Enttäuschungen erleben und oftmals nahezu daran verzweifeln. Daher ist es notwendig, in unserem Gebet einen Perspektivwechsel vorzunehmen. Gebet ist, wenn wir unser Herz mit Gottes Herz in Einklang bringen. Wenn wir uns bei jedem Problem gedanklich vor den Thron Jesu stellen und uns daran erinnern, dass er bereits über jedes Problem gesiegt hat. Diese Position macht etwas mit unserem Herzen.

Welches Problem kann größer sein als unser Gott? Kein einziges! Gottes Allmacht, Güte und Allwissenheit ruhen über jedem Problem. Wenn unser Herz im tiefsten Innern von Gottes Güte überzeugt ist, dann kann es ruhig werden und im Frieden bleiben, egal was kommt. Wenn wir tief in unserem Herzen von Gottes Güte überzeugt sind, sehen wir ein Problem, bringen es dankbar zu unserem Vater und sagen:

„Hallo, Papa, hier entsteht gerade ein großes Problem in meinem Leben. Bitte zeige mir deinen Willen. Was ist gerade für mich dran zu tun oder zu lassen? Soll ich im Vertrauen still werden und dich machen lassen, oder möchtest du, dass ich selbst gezielt etwas unternehme? Ich gehe mutig auf das Problem zu und vertraue darauf, dass du es löst, weil du mein allmächtiger Gott und mein liebender Vater bist. Danke dafür!"

Woher können wir sicher sein, dass sich Gott wirklich um jedes Problem kümmert? Weil es einen Vater ehrt, wenn seine Tochter voll Vertrauen zu ihm kommt, um ihn in ihre Probleme und Sorgen einzuweihen. Es ist ein Lobpreis für ihn, wenn seine Kinder ihm Glauben und Vertrauen schenken. Und wir können ihm als seine Kinder vertrauen, wenn wir begriffen haben, wie das Vaterherz Gottes schlägt. Weil wir dann wissen, dass sie ihm weder etwas beweisen noch um seine Aufmerksamkeit eifern müssen. Jedes Mal, wenn eine Tochter Gottes versucht, panisch und sorgenbeladen ein Problem selbst zu lösen, zeigt es das große Misstrauen in ihrem Herzen ihrem Gott und Vater gegenüber auf.

Als Töchter Gottes dürfen wir unserem Vater bedingungslos vertrauen. Wir verbinden unser Herz mit Gott und danken ihm schon im Voraus dafür, dass dieses Problem vor ihm keines mehr ist. Wir danken Gott dafür, dass er uns durch den Heiligen Geist führen, lenken und leiten wird, um diese Sache für uns zum Guten zu wenden. Wir danken ihm dafür, dass er uns zeigen wird, was seine und was unsere Aufgabe in dieser Angelegenheit ist. Je mehr ich mein Vertrauen in Gottes Güte festige und stärke, desto ruhiger und gelassener kann ich durch den Alltag gehen.

Ich weiß, dass die Lösung für mein Problem im Himmel bereits bekannt ist, weil für Gott nichts überraschend kommt. Er möchte, dass mir, genau wie den Menschen um mich herum, alles zum Guten dient. Gott hat für jedes Problem, jeden schweren Gedanken, jede Bitte eine Lösung und eine Antwort. Einfach weil für ihn nichts überraschend kommt. Er kennt deinen Weg, deine Entscheidungen und deine Erfahrungen bereits. Er weiß, wie es weitergehen kann, wenn wir auf seinen Weg gehen, aber er weiß auch, wie es weitergehen wird, wenn wir ohne Absprache mit ihm unsere eigenen Pläne verfolgen.

Mit Gott stehen wir immer auf der Siegerseite – ganz egal, wie chaotisch unser Problem uns gerade erscheint. Wenn wir gelernt haben, aus der Position eines Siegers und nicht eines Bekämpften zu beten, dann treffen uns die „Schicksalsschläge" des Lebens nicht mehr ganz so hart. Dann wissen wir, dass ein schlimmer Unfall, der Verlust eines lieben Menschen oder die Krankheit, die vielleicht sogar trotz Gebet nicht verschwunden ist, nicht das letzte Wort behält. Wir wissen, dass Gott mitten in diesem Leid ist und dass es an seiner Seite einen Weg zum Guten gibt.

Aus der Position eines Siegers wissen wir, dass all das Schlimme, das uns widerfahren ist, weder eine Strafe noch eine Unaufmerksamkeit Gottes war, weil sein Herz immer voller Liebe und Güte für uns ist. Aus der Position des Sieges, vor dem Thron Gottes, verstehen wir das Leid vielleicht trotzdem nicht – gerade WEIL wir wissen, dass Jesus der Sieger ist. Wir weinen und trauern, wir schreien und verzagen, und das ist okay. Das tiefe Wissen, dass wir nicht vor unserem Leid oder Problem allein und hoffnungslos zerbrochen liegen, sondern vor dem Thron unseres Vaters, macht den Unterschied. Denn vor dem Thron Gottes sehen wir die Hand unseres Vaters, die er uns reicht, um wieder aufstehen zu können. Vor dem Thron Gottes lassen wir unsere Tränen abwischen und unsere vom Leben verrutschte Krone richten. Vor dem Thron Gottes wird unser Herz wieder gestärkt und wir finden die Kraft weiterzumachen.

Es ist ein großer Unterschied, ob wir problemorientiert beten und flehen – denn dann fokussieren wir uns allein auf das Leid – oder ob wir dankend am Herzen Gottes beten, leiden und flehen. Hier ist das Leid vielleicht nicht kleiner, aber unser Gott ist größer.

Mein Gebet bestand früher zu 90 Prozent aus Bitten und nur zu 10 Prozent aus Danken. Mittlerweile hat sich das um 180 Grad gedreht. Ich bete nicht mehr problemorientiert, sondern lobe, preise und danke Gott viel mehr und gebe dann alle Sorgen, Probleme und Menschen, die mir auf dem Herzen liegen, im Vertrauen an meinen himmlischen Vater ab. Heute nehmen meine Bitten nur noch etwa 10 Prozent meines Gebetes ein. Und es ist so befreiend und so erleichternd!

Wenn ich heute zum Beispiel ein Problem im Bereich der Erziehung habe, dann bitte ich Gott nicht mehr um die Unterstützung, die er mir sowieso zugesagt hat, sondern lege das Problem kurz dar und bete dann: „Vater, hier baut sich gerade wieder ein Problem vor mir auf. Zeige mir, was ich übersehe. Was bringt meine Kinder dazu, so zu handeln? Wo handle ich selbst falsch? Ich danke dir, dass du mir die Augen öffnest und mich weise und richtig lenken wirst. Ich entscheide mich dafür, mir keine Sorgen zu machen, und lege dir meine Familie hin. Mein volles Vertrauen setze ich auf dich. Danke, dass dir das Problem nicht zu groß ist und dass du dich darum kümmern wirst."

Ich danke Gott, lobe ihn und nehme im Vertrauen seine Hilfe an. Der Heilige Geist wohnt in mir und wird mich richtig führen. Ich verlasse mich wie ein Kind auf Gottes täglichen Segen, seinen Schutz, seine Versorgung, Liebe, Gnade und Vergebung. Ich lebe. Wenn mein Herz in Gott ruhen kann, dann strömt das Leben.

Was für ein Gott!

4.3 Gebet verändert von innen

Wenn Jesus uns auffordert, für die zu bitten, die an uns schuldig geworden sind, dann deshalb, weil wir mit unserer Herzenslast zu Gott kommen und ihm diese Last zu Füßen legen sollen. Nichts schadet unserer psychischen Verfassung und Gesundheit so sehr wie Wut, Hass und Bitterkeit. Mit dem Wissen um die Auswirkungen dieser

Gefühle lädt uns Gott liebevoll dazu ein, all die belastenden Emotionen vor seinem Thron abzulegen. All die Bitterkeit und den Hass werden wir los, wenn wir am Herzen Gottes sitzen. Dann wagen wir es vielleicht auch einmal, die Perspektive derer einzunehmen, die uns verletzt oder uns unrecht getan haben. Denn um für meine unliebsamen Mitmenschen von Herzen beten zu können, muss ich zuerst versuchen, ihre Sicht einzunehmen.

Gebet ist keine Zauberformel, mit der wir schwierige Arbeitskollegen, unseren Ehepartner oder unseren Nachbarn verändern können. Nein, wir verändern mit Gebet in erster Linie unser eigenes Herz. Unsere Lasten lassen wir bei Gott, den Stachel der Bitterkeit lassen wir uns von ihm ziehen und gehen dann mit einem leichteren Herzen in unseren Alltag zurück. In dem Bewusstsein darüber, von Gott angenommen und geliebt zu sein, werde ich frei gemacht und dazu befähigt, die mich umgebenden Menschen zu lieben, auch wenn sie mir manchmal „unliebsam" erscheinen.

Es ist so faszinierend zu sehen, was Gebet mit uns macht! Jeder, der sich Gott naht, heilt Stück für Stück. Und je mehr Zeit wir mit Gott verbringen, desto mehr geben wir ihm auch die Zeit, in unserem Leben aufzuräumen und uns zu heilen. Wenn ich meine Gebetszeit beginne, stelle ich mir oft vor, dass er wie ein Gärtner in meinem „inneren Garten" umhergeht. Er findet dort fruchtbare und blühende Stellen, aber auch Unkraut und undurchdringliches Dickicht, das das, was aufblühen möchte, überwuchert. Wenn ich diese unschönen Stellen in meinem Inneren vor Gott nicht verberge, dann überlasse ich ihm den Schlüssel zu meinem „inneren Garten", auf dass er in mir wiederherstellt, was andere in meinem Leben zerstört haben, und Neues wachsen lässt. Mit einer unsagbaren Geduld und Liebe nimmt er sich meines Seelengartens an.

Ja, Gott nimmt sich alle Zeit der Welt, um mich seinem Sohn ähnlicher zu machen und mich immer mehr in sein Bild zu verwandeln (vgl. 2. Kor 3,18). Manchmal nimmt er Charakterschwächen mit einem einzigen Gebet weg, an den meisten arbeitet er jedoch über einen längeren Zeitraum mit mir. Wenn er sich dem Gestrüpp und Unkraut meines „inneren Gartens" annimmt, entfernt er nicht nur oberflächlich die wuchernden Äste und Stängel, er packt die Pflanzen bei der Wurzel an und zeigt mir damit gleichzeitig die Wurzel meiner Verletzungen genau wie die verletzenden Eigentümlichkeiten, die in mir selbst tief verwurzelt sind. Danach hilft Gott mir, diese Dinge zu verarbeiten und loszulassen. Erst, wenn das erledigt ist, kann Gott Neues in mir schaffen. Er macht seine Arbeit gründlich und gut. Mein ganzes Leben wird Gott an mir arbeiten.

***

Ich erinnere mich an eine Begebenheit, in der mich eine ehemalige Klassenkameradin aus der Bibelschulzeit besuchte. Wir hatten uns fünf Jahre lang nicht mehr gesehen und ich hieß sie herzlich willkommen. Gleich zu Beginn fragte ich sie, ob sie lieber vier oder fünf Löffel Cappuccino in ihre Tasse haben wolle. Woraufhin sie mir entgegnete: „Oh, früher durfte ich mir nur zwei Löffel nehmen, weil du es zu verschwenderisch und teuer fandest." Diese Reaktion hat mich beschämt und mir vor Augen gehalten, dass ich früher tatsächlich nicht nur sparsam, sondern geizig gewesen war. Dabei hatte ich doch immer die Freigebigkeit meines Vaters als eine der schönsten und nachahmenswertesten Eigenschaften angesehen. Als mein Besuch sich schließlich wieder verabschiedet hatte, musste ich Gott jedoch danken, dass der Heilige Geist in all den Jahren offensichtlich an mir gearbeitet und mein Herz freigiebiger und herzlicher gemacht hatte. Ohne mein eigenes Zutun und große Anstrengung war ich von ihm verändert worden.

Durch Gebet verändert Gott langsam unser Herz, unseren inneren Garten. Selbst dann, wenn wir gar nicht explizit für eine bestimmte Veränderung beten, sondern einfach Zeit in der Nähe

Gottes verbringen. Wie es schon Albert Schweitzer mit seinem Zitat am Kapitelanfang weise auf den Punkt gebracht hat: Unser Gebet ändert nicht (immer) die Welt um uns herum. Unser Gebet am Herzen Gottes verändert uns persönlich. Kein einziger Mensch bleibt am Herzen Gottes unverändert.

Gebet – ganz praktisch
Kurz nachgedacht – tief eingetaucht

- Mit welcher Erwartung trittst DU beim Beten vor den Thron Gottes?

- Soll Gott dir im Gebet zuhören, dich lenken, dein Problem lösen oder einfach mit dir Zeit verbringen? Bist du ganz tief drin vielleicht sogar davon überzeugt, dass sich Gott erst nach deinem Gebet deinem Problem zuwendet?

- Wenn du ganz ehrlich zu dir selbst bist: Mit welcher Haltung, denkst du, erwartet GOTT dich, wenn du im Gebet zu ihm kommst? Erwartet er dich rügend, weil du zu selten kommst; ist er genervt, weil du zu oft kommst; möchte er von dir erst überzeugt oder überredet werden oder fühlst du dich von ihm gar ignoriert?

- Welche immer wiederkehrenden Themen treiben dich ins Gebet? Was sagen diese Themen über deine Ängste aus? Sprich mit Gott über diese Ängste! Sprich mit Gott über deine Zurückhaltung, ihm in diesen Punkten Vertrauen schenken zu können!

- Versuche, bei deinem nächsten Problem nicht gleich loszubeten. Versuche, stattdessen erst einmal still zu werden und dir bildlich vorzustellen, wie du vor den Thron Gottes kommst und dass Jesus an deiner Seite ist, der für dich und dein Anliegen beim Vater einsteht. Sprich aus dieser Perspektive heraus, aus der Position eines Siegers, mit Gott über dieses Problem.

Kapitel 5

Erneuert euer Denken –
Überwinde negative Gedanken und Gefühle

Willst du Schweres bewältigen,
solltest du es leicht angehen.
– Bertolt Brecht –

5.1 All die lieben Sorgen – verlieren ihre Macht

Auf einer grünen, saftigen Wiese steht ein kleines Reh. Die Wiese ist umzäunt von einem stabilen Zaun. Das kleine Reh kann sich in Sicherheit wiegen. Doch anstatt die schöne Fläche zu genießen, in Ruhe zu fressen, herumzuspringen und zu schlummern, verbringt dieses Reh den gesamten Tag damit, den Zaun zu überprüfen. Runde für Runde für Runde.

Dieses prophetische Bild bekam meine Schwester einmal im Gebet, verbunden mit den herrlichen Worten unseres himmlischen Vaters: „Mein liebes Kind, hab keine Angst, ich bin doch mit dir. Höre auf, dir Sorgen zu machen und dich von deinen Ängsten beherrschen zu lassen. Fange endlich an, dein Leben zu genießen. Lebe nicht aus deiner Kraft heraus, sondern lasse los, denn meine Kraft reicht für uns beide. Ich bin dein großer Vater und du bist mein kleines Mädchen. Das reicht! Ich werde dein ganzes Leben lang mit dir sein."

Ich glaube, dass dieses Bild auf viele Frauen zutrifft. Das Gefühl der permanenten Sorge ist ihnen nicht fremd. Wie viel vom Leben habe ich selbst verpasst, weil ich damit beschäftigt war, die „Sicherheit der Zäune" zu überprüfen.

Genau wie meine Schwester habe auch ich jahrzehntelang mit meinen Sorgen gekämpft. Mal gewannen sie die Oberhand über meinen Gefühlshaushalt, mal konnte ich „punkten". Manchmal schaffte ich es, meine Sorgen zu Gott zu schleppen, um kurz das Leben auf der saftigen Wiese genießen zu können, doch meistens hängten sich meine Ängste schon bald wieder wie eine Klette an mich dran und ich blickte sorgenvoll um mich herum. In Gesprächen mit Gleichgesinnten hörte ich in diesem Zusammenhang oft das Argument, dass wir in einer gefallenen Welt leben würden und wir hier nun einmal mit Krankheiten, Tod und Sorgen leben müssten. Aus diesem Grund nahm ich meine Sorgen früher einfach hin: die Sorge, je einen Ehemann zu finden und Kinder zu bekommen;

meine Freunde verlieren zu können; den Abschluss nicht zu schaffen; bei den Kollegen und Kolleginnen nicht gut anzukommen; nicht genug Geld für das benötigte Auto oder den nächsten Urlaub zu haben – und nicht nah genug an Gott dran zu sein. Den versprochenen Frieden, von dem Jesus in Johannes 14,27 sprach, genoss ich vielleicht mal für kurze Momente, bis dieser wieder wie Sand durch meine Finger rann. Mir blieb es scheinbar verwehrt, diesen Frieden zu behalten – bis ich nach meinem Zusammenbruch irgendwann begriff, dass ich einem Trugschluss unterlegen war. Das Problem bei der ganzen Sache lag nie bei meinen Sorgen, Problemen oder Gott, sondern allein bei mir selbst.

Ich lebte auch in diesem Bereich in der Vermischung des Alten und Neuen Bundes. Laut dem Alten Bund waren die Israeliten für ihren Segen oder Fluch selbst verantwortlich. Sie mussten sich anstrengen, sich bemühen und ihr Leben im Gehorsam leben, um so alles Negative von sich fernzuhalten. Auch ich lebte in der Überzeugung, dass ich mich selbst um mein Wohlergehen kümmern müsse. Also half ich bei der Gestaltung meines „Schicksals" mit. Das Mindeste, was ich tun konnte, war doch, mein Bestes bei der Lösungsfindung zu geben, oder? Denn war ich selbst nicht mitschuldig an all den Problemen und Sorgen? Lag die Verantwortung, wie damals bei den Israeliten, nicht auch bei mir?

Im Neuen Bund wiederum hat Jesus das gesamte Gesetz erfüllt, womit uns auch alle Segnungen aus 5. Mose 28,3–14 geschenkt wurden. Damit sind wir auch befreit von Fluch und Strafe (vgl. 5. Mose 28,15–68) und dürfen als Kinder Gottes in Gottes Ruhe eintreten. Frei von der Bürde des Gesetzes sind wir außerdem frei von allen inneren Antreibern, die uns sagen wollen: Mache, tue, streng dich an!

In der Sorglosigkeit des Neuen Bundes dürfen wir einfach nur sein. Einatmen, ausatmen und unserem allmächtigen Gott in allem dankend vertrauen – und den Segen empfangen, denn Jesus hat bereits alles für uns vollbracht. Sein Schutz, sein Segen, seine Führung und seine Gunst liegen auf meinem Leben. Nichts, was ich versuche zu leisten oder zu erarbeiten, könnte dem noch etwas hinzufügen. Doch was stört das kindliche Vertrauen so vieler Kinder Gottes? Was lässt sie weiterhin unter ständigen Sorgen leiden?

In erster Linie sind es die erlebten Enttäuschungen und Verletzungen. Jeder Mensch wurde in seinem Leben schon einmal, meist sogar schon in der frühesten Kindheit, verraten, enttäuscht und im Stich gelassen. Unser Urvertrauen wurde an irgendeinem Punkt in unserem Leben schon einmal gewaltig erschüttert. Diese Wunde, dieser Riss, ist bei vielen bis ins Erwachsenenalter nicht geheilt. Daher wissen wir zwar um die Aufforderung Jesu: „Sorge dich nicht!" (Mt 6,34), folgen ihr jedoch oft nur zögerlich. Ist doch dieses „Sorge dich nicht!" leichter gesagt als getan. Täglich überrollen uns Nachrichten von Totschlag, Terrorismus, Naturkatastrophen und Gewalt.

***

Kurz vor der Vollendung dieses Buches überfiel Deutschland die Corona-Pandemie – und damit auch die Panik. Egal, ob man das Radio anschaltet, die Zeitung aufschlägt oder sich mit Menschen unterhält – schnell ist man thematisch bei Krankheit und Leid angekommen. Unsere Gedanken sind immer wieder voller Sorgen. Wer eine Familie gegründet hat, kennt vielleicht den Spruch: „Kleine Kinder, kleine Sorgen, große Kinder, große Sorgen". Als meine Söhne noch klein waren, fand ich den Satz wirklich blöd. Ich saß einmal mit meinem seit Tagen fiebernden Kind in der Notaufnahme und wusste nicht, was das Kerlchen hatte. Als er dann die Nacht im Krankenhaus verbringen sollte, war ich fix und fertig und dachte, größer könnten meine Sorgen nicht werden. Nun habe ich Schulkinder und muss tatsächlich über meine „kleinen" Sorgen von früher schmunzeln. Denn nun habe ich Sorgen wie: „Schafft er die Schule? Ist er selbstbewusst genug? Was ist, wenn er gemobbt wird?".

In fünf Jahren werden diese Gedanken vielleicht abgelöst von solchen wie: „Hat mein Kind gute Freunde, die ihn nicht zu Alkohol und Drogen verführen?" oder „Ach du Schreck, wenn er dieses Mädchen heiratet, begeht er den größten Fehler seines Lebens." Letztendlich nehmen unsere Sorgen kein Ende, da unsere Kinder immer unsere Kleinen bleiben werden. Und zu den Kindersorgen kommen natürlich noch sämtliche andere Sorgen dazu: ob das Geld reicht, ob der nächste Terroranschlag in unserer Nähe geschieht, ob wir alle gesund bleiben und was die Schwiegermutter über uns denkt. Abraham Lincoln hat einmal gesagt:

„Halte dir jeden Tag 30 Minuten für deine Sorgen frei und in dieser Zeit mache ein Nickerchen."

So ein Nickerchen würde vielen Frauen guttun, denn unsere Gedanken können manchmal ganz schön Fahrt aufnehmen und wir können sie allein schlecht bremsen. Manchen Frauen ist das Gefühl der ständigen Sorge so vertraut, dass sie damit erwachen und wieder schlafen gehen. Dabei scheinen sie die permanente Last auf ihren Schultern kaum noch wahrzunehmen. Andere wiederum spüren sie bei jedem Schritt und quälen sich, weil sie sich hilflos und ohnmächtig dem Leid und den Sorgen ausgeliefert fühlen.

Gott war es von Anfang an bewusst, dass wir Menschen unter der Sorgenlast zusammenbrechen können. Daher gab er uns den Auftrag: „Ladet alle eure Sorgen bei Gott ab, denn er sorgt für euch" (1. Petr 5,7). Nun kommen wir und sagen: „Na ja, aber um manche Sorgen kümmert Gott sich ja irgendwie doch nicht." Und Gott erwidert: „Verlass dich nicht auf deinen eigenen Verstand, sondern vertraue voll und ganz dem HERRN!" (Spr 3,5). „Ja, aber die Sorgen um meine Kinder sollte ich schon haben, ich muss sie doch irgendwie bewahren und schützen." Und Gott sagt wiederum: „Sei mutig und entschlossen! Lass dich nicht einschüchtern und hab keine

Angst! Denn ich, der HERR, dein Gott, stehe dir (und deinem Kind) bei, wohin du [es] auch gehst" (Jos 1,9; Ergänz. d. Verf.).

Egal, wie oft wir unser „Aber" setzen, Gott wird uns immer wieder dazu auffordern, das Sorgenmachen zu lassen. Ich meine, Gott bietet uns an, sich unserer Sorgen anzunehmen und uns mit seinem Frieden zu erfüllen – warum zögern wir so oft? Manchmal ist es an der Zeit, ihm bewusst neu zu vertrauen, unsere eigenen, negativen Erfahrungen loszulassen und neue Erfahrungen zu sammeln. Unsere Narben und Wunden wurden uns von Menschen zugefügt – nicht von Gott. Gott steht vor uns und möchte diese Verletzungen heilen und ein neues, tieferes Vertrauen in uns aufbauen. Er möchte unsere Sorgen gegen seinen Frieden tauschen. Beides können wir nicht haben. Wir müssen uns für eins davon entscheiden. Wir bekommen diesen Frieden erst, wenn wir die Sorgen loslassen und uns partout weigern, an ihnen festzuhalten. Wagen wir diesen Vertrauenssprung? Dann kann sich auch der Friede Gottes einstellen, der allen Verstand übersteigt. Und dieser Frieden kann unsere Herzen und Gedanken bewahren.

***

Stell dir einmal einen kleinen Teich vor, der voll ist mit frischem, klarem Wasser. Im Laufe der Zeit fallen Blätter, Äste und Zweige hinein. Es bildet sich Morast. Keiner macht sich die Mühe, diesen kleinen Teich zu reinigen und zu pflegen. Aus dem Teich wird ein stinkender Tümpel. Auch in unserem Leben lassen wir Laub und Dreck in Form von Sorgen und Ängsten in unseren „Seelenteich". Wir „dümpeln" vor uns hin, obwohl wir das Wasser des Lebens doch in uns haben. Wir haben es jedoch mit unseren Sorgen, Ängsten und Problemen verunreinigen lassen.

Jesus spricht: „Wer an mich glaubt, wird erfahren, was die Heilige Schrift sagt: Von seinem Inneren wird Leben spendendes Wasser ausgehen wie ein starker Strom" (Joh 7,38). Das heißt ganz praktisch: Wer Gott seine Sorgen und am besten gleich seinen ganzen „Seelenteich" übergibt, der bekommt stattdessen einen klaren See. Er bekommt Kraft, Lebendigkeit und Freude – und vor allem tiefen Frieden geschenkt. Er ist eines der größten Geschenke Gottes.

Ein Problem, das uns mit unserer deutschen Mentalität immer wieder im Weg steht, ist unser Kopf. Der Glaube ist so rational und erklärbar geworden, dass wir allem skeptisch gegenüberstehen, was aus dem Glauben (wieder) eine Herzenssache machen möchte. Ich war früher ebenfalls ein durch und durch verkopfter Christ. Ich sprach mir mit meinem Kopf zu, dass Gottes Liebe tatsächlich mir galt, ohne dass mein Herz ahnte, was es wirklich heißt, geliebt zu werden. Ich gaukelte mir selbst vor, dass ich Gott vertrauen würde, während sich im Verborgenen mein Herz angstvoll zusammenzog. Solange unser Herz jedoch nicht an einen liebevollen, gütigen und uns zugewandten himmlischen Vater glaubt, werden wir immer ein Problem mit unseren Sorgen haben.

Solange wir nicht auch mit unserem Herzen glauben, dass Gott wirklich jede Situation unseres Lebens in seiner Hand hält und sie zum Guten wenden wird, werden uns unsere Sorgen weiterhin schlaflose Nächte bereiten. Wir können unser eigenes Herz nicht hinters Licht führen. Wir können unserem Herzen auch nichts einreden. Was wir aber tun können und auch tun sollten, ist, immer wieder über das Wesen Gottes nachzusinnen und unsere eigenen ganz praktischen Wege zu finden, wie wir seine Liebe und Güte auch emotional ergreifen können – wie zum Beispiel mit den eingangs genannten Übungen.

***

Gottes Liebe zu dir ist grenzenlos. Du bist ihm so wertvoll, dass er jedes Problem für dich und mit dir lösen möchte. Sein Schutz und seine Versorgung können dir so sicher sein wie das sprichwörtliche „Amen in der Kirche". Nicht eine Minute sollte dein Herz daran zweifeln, dass es Gottes oberste Priorität ist, dich zu schützen, zu führen, zu versorgen und dir deine Sorgen zu nehmen. Wir sind seine Königstöchter. Wir, als Töchter eines herrschenden, allmächtigen Königs und eines gütigen Vaters, haben das Privileg, diesen genau so zu sehen: als König und Vater unseres Lebens. Was gibt es Größeres als einen Vater, der sagt: „Liebes, mach dir keine Sorgen. Du bist mein Kind und ich bin dein Vater, dein Beschützer. Von meiner Perspektive aus habe ich sowieso die bessere Sicht. Und ich habe zu allem einen Zugang. Die ganze Schöpfung ist mir untertan. Also sprich deine Sorge aus und übergib sie mir. Ich werde mich um deine Anliegen kümmern und du darfst deinen Alltag dankend genießen."

Mein ältester Sohn sorgte sich als Kind oft um alles Mögliche. Es verging kaum ein Tag, an dem ihn nicht irgendetwas bedrückte. Ich als seine Mutter ermutigte ihn immer wieder: „Mein Kind, du brauchst dich um nichts zu sorgen. Ich bin deine Mutter und ich werde mich um alles kümmern." Es war manchmal zum Verzweifeln, weil es ihm so schwerfiel, einfach loszulassen. Überall sah er Gefahren und drohendes Unglück. Und mir als Mutter blieb das schwere Herz: „Ich kann dir nicht helfen, wenn du die Sorge nicht loslässt. Du bremst dich selbst aus. Geh! Erforsche! Lebe! Ich bin doch bei dir – und Gott ist es auch!"

Ich glaube, dass es unserem Vater im Himmel oft genauso geht. Es tut ihm im Herzen weh, uns so bedrückt und ängstlich zu sehen. Er sagt in so vielen Bibelstellen: „Gib mir deine Sorgen! Danke mir, dass ich mich gut um dich kümmern werde, und dann empfange meinen Frieden, der nicht von dieser Welt ist, denn diesen Frieden kann nur ich dir geben – aber erst dann, wenn du deine Last bei mir lässt" (Joh 14,27; 1. Petr 5,7; Spr 3,5).

Ich weiß, dass es manchmal einfacher klingt, als es umgesetzt ist, aber es ist möglich. Denn es ist immer wieder eine bewusste

Entscheidung, ob wir den Sorgen mehr Raum geben, indem wir sie mit unseren Gedanken noch zusätzlich füttern, oder ob wir sie bewusst auf Jesus „werfen", wie er es in seinem Wort sagt (vgl. 1. Petr 5,7).

***

Vielleicht ist es an der Zeit, dein Herz zu prüfen: Wie steht es wirklich mit deinem Gottvertrauen? Wie groß ist das Paket an Sorgen, das du jeden Tag schultern musst, wie kurz sind deine Nächte, die du mit Grübeln statt mit friedlichem Schlafen verbringst? Glaubst du wirklich an Gottes Versorgung und Führung oder vertraust du eher auf deine eigenen Ideen und deiner Hände Werk? Kämpfst du noch allein für eine kaputte Ehe, eine Beförderung, mehr Anerkennung, mehr Gehalt oder um das Wohl deiner Kinder, oder vertraust du in all den Herausforderungen schon, dass Gott selbst sich deiner Probleme annimmt?

Unser Vertrauen sollte nicht auf unseren Taten und unserem Bemühen gegründet sein, sondern allein auf Gott. Seinem Herzen sollten wir vertrauen. Denn im tiefen Vertrauen auf sein gütiges Herz verlieren wir immer mehr die Angst vor unerwarteten Situationen und überraschenden Nachrichten. Wir hören auf, um Anerkennung zu buhlen, sondern kommen an. Wir atmen endlich ein, atmen aus und sind einfach nur wir selbst: Kinder Gottes! Und als geliebte Kinder Gottes lassen wir uns natürlich nicht gehen und tun einfach gar nichts mehr, wir lassen auch unseren Ehepartner nicht links liegen oder erledigen die Arbeit nur noch schludrig und mit halbem Herzen. Nein, wir geben weiterhin unser Bestmögliches, aber im tiefen und stillen Vertrauen darauf, dass letztlich Gott es ist, der unsere Kämpfe kämpft und uns für alles die nötige Kraft schenkt.

Im stillen Vertrauen schicken wir unsere Kinder zur Schule: „Vater, du siehst die Herausforderungen und Gefahren, denen mein Kind heute ausgesetzt sein wird. Danke, dass du ihm Mut, Weisheit und Kraft schenkst, um alle Situationen zu meistern. Dein besonderer Schutz und Segen ruhen jederzeit auf ihm. Danke, dass du mein Kind keinen Augenblick lang verlässt."

Im tiefen Vertrauen an einen gütigen und mir zugewandten Gott stehe ich in einer zerbrochenen Ehe und übergebe sie erschöpft meinem himmlischen Vater: „Vater, ich bringe dir meine Ehe. Ich schaffe es einfach nicht, sie aus meiner Kraft heraus zu reparieren. Bitte befreie meinen Mann und mich von dem Zwang, immer wieder zu streiten. Zeige uns einen Weg heraus aus der Krise und hinein in deinen Frieden. Du heilst unsere Wunden und befreist uns von der Bitterkeit, die unsere Herzen zerfrisst. Ich entscheide mich, meinem Mann mit Liebe und Achtung zu begegnen und dem Hass keinen Raum in mir zu geben. Du lebst in uns und ich möchte deiner Führung folgen. Ich danke dir für Heilung und Erneuerung, die du für unsere Ehe bereithältst. Im Vertrauen auf deine Güte will ich über diesem Problem zur Ruhe kommen. Ich vertraue dir, dass du dich um uns zwei kümmerst und weiterhin Segen und Schutz auf unsere Ehe legst. Ich danke dir für deine Gegenwart in all dem Chaos. Amen."

Hast du gerade Probleme mit Behörden oder Streit mit Freunden? Dann bringe das Problem vor Gott. Und danke ihm im tiefen Vertrauen, egal, um was es geht. Danke ihm für sein Sichkümmern und bitte ihn, dich in der Situation zu führen. Und geführt zu werden bedeutet nicht, sich gedanklich damit zu beschäftigen, was du alles machen könntest. Denn solange du immer wieder in dein Gedankenkarussell einsteigst, ist kein Ende der turbulenten Fahrt in Sicht. Gott gibt uns selten Lösungen, während wir noch „in voller Fahrt" sind. Erst wenn wir anhalten, aussteigen und zur Ruhe kommen, sind wir auch bereit, ihm zuzuhören. Trinke einen Tee, sprich mit Gott über deine Sorgen, höre in dich hinein und lass dich führen. Von Gott geführt zu werden bedeutet: Werde still. Halte Augen und Ohren und vor allem dein Herz offen, wenn Gott dir einen Gedanken schenkt oder einen Ausweg aus deiner Situation zeigt.

Schau, welche Türen sich öffnen. Und wenn sich gar nichts tut, warte ab. Gott kennt den richtigen Zeitpunkt. Das Schöne ist, wenn wir aufhören, unsere sorgenvollen Gedanken unentwegt kreisen zu lassen, können wir Gottes Reden plötzlich viel besser wahrnehmen.

Wurde deine Bewerbung abgelehnt, verliere nicht dein Vertrauen auf Gott. Du weißt nicht, was dir in diesem Unternehmen begegnet wäre. Aber verwechsle Vertrauen nicht mit Passivität. Vielleicht gibt Gott dir den Namen einer anderen Firma oder er lenkt dich durch ein Gespräch mit jemandem auf eine bessere Stelle hin. Dann werde aktiv, bewirb dich wieder, und vertraue, dass Gott die Tür öffnet, wenn es die richtige für dich ist.

Es ist wirklich viel einfacher, in Ruhe und Gelassenheit auf Gottes Führung zu warten, anstatt in Panik sämtliche Wege auszuprobieren. Sorgen verleiten uns schnell dazu, die Probleme selbst in die Hand zu nehmen. Unser Misstrauen Gott gegenüber drängt uns zum Handeln. Dabei entstehen oftmals unkluge und unüberlegte Entscheidungen. Wie viel klüger ist es da, Gott um Weisheit zu bitten, die er uns in seinem Wort zugesichert hat, dass er uns sie gerne gibt (vgl. Jak 1,5). Sag ihm einfach, dass es dir schwerfällt, nichts zu tun und abzuwarten. Sag ihm, dass du dir Sorgen machst, dass er womöglich doch nicht eingreift. Werde all deine Bedenken bei Gott los, bitte ihn um seinen Frieden, und dann warte ab, was passiert.

Warum Sorgen sogar gefährlich sind

In meinen jungen Jahren als Christin habe ich viele andere Christen überzeugt davon berichten gehört, wie gefährlich der Teufel doch sei und dass ich mich vor ihm hüten müsse, da er mich jederzeit angreifen, attackieren und besiegen könne. Immer wieder wurde über die Macht des Satans im Leben von Christen gesprochen.

Das widerspricht für mich jedoch vollkommen dem Evangelium und dem vollbrachten Werk am Kreuz: Satan *ist* besiegt und hat in dem Leben eines Christen keine Macht mehr – beziehungsweise nur die Macht, die wir ihm geben, wenn wir uns für Sünde öffnen und Gott aus dem Blick verlieren. Doch jedes Kind Gottes steht unter dem Schutz des Kreuzes. Wie nutzt du ganz konkret diesen Schutz? Schaust du auf Gott, das Licht, die Lösung und das Gute? Oder konzentrierst du dich auf Satan, das Dunkle und das beängstigende Chaos um dich herum?

Vielleicht mögen manche jetzt einhaken: „Ja, aber ... da gibt es doch noch die Bibelstelle: ‚Seid besonnen und wachsam! Denn der Teufel, euer Todfeind, läuft wie ein brüllender Löwe um euch herum. Er wartet nur darauf, dass er einen von euch verschlingen kann‘“(1. Petr 5,8).

Doch weißt du, um welche Situationen es sich bei dem hier beschriebenen Angriff handelt? Hier ist wieder einmal der fürs richtige Bibelverständnis so wichtige Grundsatz, dass sich der Sinn eines Verses erst durch seinen Kontext erklärt, denn beide Verse sind inhaltlich miteinander verbunden. Es steht nämlich genau einen Vers zuvor geschrieben: „Ladet alle eure Sorgen bei Gott ab, denn er sorgt für euch“ (1. Petr 5,7). Es geht um unsere Sorgen!

Wenn wir unsere Sorgen nicht bei Gott abladen, dann macht uns das angreifbar! Wenn Jesus uns in Matthäus 6,25 –34 dazu auffordert, uns keine Sorgen zu machen, so gibt er uns damit keinen gut gemeinten Hinweis oder einen weisen Ratschlag – nein, im griechischen Urtext steht an dieser Stelle die Befehlsform: „Ich untersage euch, euch Sorgen um euer Leben zu machen. Unser Vater im Himmel sorgt für uns!“

Jesus befiehlt uns liebevoll, unter Gottes Schutz zu bleiben. Denn was passiert mit uns, wenn wir uns nicht sorgen? Wir kehren in die göttliche Ruhe ein. Unser Herz wird still im Vertrauen und Glauben darauf, dass Gott für uns sorgt, uns schützt, segnet, lenkt, führt und uns nichts Böses will. Und solange unser Herz ruhig ist, hat der Teufel keine Angriffsfläche. Wir ruhen in Gott und seinen Verheißungen.

Wenn wir jedoch anfangen, Gott zu misstrauen, wird unser Herz unruhig und die Sorgen ziehen vermehrt unsere Aufmerksamkeit auf sich. Exakt hier ist die Angriffsfläche, von der in 1. Petrus 5,7–8 die Rede war! Das Interessante ist jedoch, dass ein Löwe, sollte er wirklich jagen wollen, NIEMALS brüllen würde. Ein Löwe brüllt nur, wenn er jemandem Angst einjagen möchte. Unsere sorgenvollen Gedanken sind Satans Spielfeld. Er treibt uns mit unseren Sorgen umher, und bereitet uns eine Angst nach der anderen. Wir brauchen uns jedoch als Königskinder keine Angst einjagen zu lassen.

Der Teufel wurde am Kreuz besiegt, er weiß es genauso, wie du und Gott es auch wisst. Du stehst auf der Seite eines Königs, unter dem Schutz des Kreuzes und in der Position des Sieges. Daher hast du alles Recht dazu, dich auch so zu verhalten. Weigere dich, dir Sorgen zu machen. Werde dir bewusst, dass sowohl das Sorgenmachen als auch das Loslassen von Sorgen in deiner Hand liegen.

Es könnte eigentlich so einfach sein, wie Paulus es in Philipper 4,6 schreibt: „Macht euch keine Sorgen! Ihr dürft in jeder Lage zu Gott beten. Sagt ihm, was euch fehlt, und dankt ihm!" Wir haben das Vorrecht, mit jedem Problem vor unseren Vater zu treten und ihm dieses nicht nur zu erläutern, sondern es ihm auch dankend zu überlassen. Wenn weit und breit keine Lösung zu sehen ist, dann braucht es unsere bewusste Entscheidung, sie von Gott zu erwarten: „Ich entscheide mich jetzt, mir darüber keine Sorgen zu machen. Du, Herr, löst das Problem. Wie du es löst, überlasse ich dir. Aber ich danke dir jetzt schon und ich vertraue dir von Herzen." Danke ihm, noch BEVOR das Problem gelöst ist. Und wenn das Problem wiederkommt, dann bleib in der Position des Vertrauens und Dankens!

Oftmals bringen wir Gott voller Sorge immer wieder dasselbe Anliegen – als würde Gott aufgrund der Häufigkeit unseres Bittens hin eher reagieren. Das halte ich persönlich jedoch für einen Trugschluss. Gott reagiert und hört dich bereits ab dem ersten Gebet. Und du kannst darauf vertrauen, wenn es wirklich dran ist, länger und hartnäckiger für eine Sache zu beten, dann wird der Heilige Geist dich dazu drängen – und dir auch zeigen, wann es genug ist, indem er deinem Herzen Ruhe schenkt.

Manchmal sehen wir weder Veränderungen noch Auswege und doch geschieht „hinter den Kulissen" eine Menge: Gott bereitet Wege und Herzen vor, er führt Situationen und Gespräche herbei, er ebnet Straßen und öffnet Türen. Daher werde nicht nervös, wenn es um dich erst einmal ruhig bleibt. Wehre die Zweifel ab, und danke Gott im Vertrauen darauf, dass er im Verborgenen bereits begonnen hat, dein Problem zu lösen.

5.2 Und der Gedanke erschafft deine Welt – also erschaffe bedacht!

„Achte auf deine Gedanken und Gefühle, denn sie beeinflussen dein ganzes Leben" (Spr 4,23). Vielleicht hast du das Gefühl, dass du keine Kontrolle über deine Sorgen hast, dass sie dich einzunehmen und zu beherrschen drohen. Dann hilft es dir vielleicht zu wissen, dass jede Sorge nur ein Produkt deiner eigenen Gedanken ist. Gedanken haben große Macht in unserem Leben. Von unseren Gedanken hängt unsere gesamte Lebensqualität ab!

Manchmal hast du vielleicht das Gefühl, dass sich deine Gedanken verselbstständigen und du keine Kontrolle mehr hast, in welche Richtung sie schwirren. Doch das täuscht: Du kannst innehalten und sie wieder in die richtige Richtung lenken und sie stoppen, wenn sie sich verfinstern, oder aber du lässt sie ihr Unwesen treiben und fütterst sie noch mit deiner Aufmerksamkeit, bis sie dich kraftvoll nach unten ziehen. Deine Gedanken erschaffen deine innere Welt. Ich möchte es anhand einer kleinen Geschichte veranschaulichen:

Ein 15-jähriges Mädchen möchte mit ihren zwei Freundinnen mit dem Zug in die nächstgrößere Stadt zum Shoppen fahren. Sie haben das noch nie allein gemacht und kennen sich in der Stadt nicht aus. Schon am Abend davor fangen die sorgenvollen Gedanken der Mutter an, sich zu verselbstständigen: „Sie fahren allein mit dem Zug. Was ist, wenn sie von jemandem angesprochen werden, der ihnen schaden möchte? Aber zu dritt sollte da doch nichts passieren, oder? Aber was ist, wenn sie den Zug zurück verpassen? Um die Uhrzeit wird es schon dunkel sein, und wer weiß, wer sich dann so am Bahnhof herumtreibt. Hoffentlich laden die Mädels wenigstens ihre Handys auf und können sich jederzeit melden, wenn etwas ist …"

Nun übernimmt die Angst das Ruder, denn Sorge und Angst gehen oft Hand in Hand. „Da fällt mir ein: War nicht erst letzte Woche ein Anschlag in Berlin? Ach du Schreck, daran habe ich ja noch gar nicht gedacht: Es ist Wochenende und es findet eine Messe statt! Die Terroristen warten doch nur auf so eine Menschenansammlung! Es kann jederzeit etwas in die Luft gehen. Das werde ich mir niemals verzeihen, wenn ich drei Mädels in dieser gefährlichen Zeit allein habe fahren lassen …" Ehe sie sichs versieht, steigt ihr Puls. Sie fängt an zu schwitzen und das Adrenalin puscht sie hoch. Am nächsten Morgen hängt der Haussegen schief, weil die Tochter nun doch nicht mitfahren darf – wegen all der Gefahren. Begonnen hat das ganze Übel am Abend zuvor im Kopf der Mutter, die nach einer schlaflosen Nacht nun fix und fertig mit den Nerven ist.

***

Unser Körper reagiert auf unsere Gedanken und versetzt sich in Alarmbereitschaft, wenn wir uns übermäßig sorgen. Die gute, nützliche Angst, die uns vor etwas warnt, ist uns angeboren und funktioniert reflexartig in Situationen, in denen wir mit realen Gefahren konfrontiert sind. Die ungesunde Angst ist ein Konstrukt unseres Kopfes beziehungsweise unserer Sorgen. Der kleine Angstfunke wird, wenn wir es zulassen, in unserer Fantasie einen Brand entfachen, der außer Kontrolle geraten kann, je mehr wir ihn mit unseren Horrorszenarien nähren.

Wenn wir uns jedoch bewusst machen, dass sowohl die Sorgen als auch die Angst in unseren eigenen Gedanken beginnen, dann können wir einen Ausweg aus beidem finden. Solltest du öfter von Ängsten geplagt werden, versuche doch mal, mit der folgenden Übung deinen Körper „zu überlisten". Wenn sich deine Gedanken das nächste Mal wieder verselbstständigen und dich bildlich gesprochen in ein Karussell der Angst setzen, dann gib deinem Kopf eine Aufgabe. Zähle zum Beispiel die Bäume, die du gerade sehen kannst, suche sieben blaue Gegenstände in deiner Umgebung, sage das englische Alphabet auf, erinnere dich an das letzte Gedicht, das du auswendig gelernt hast, oder singe dein Lieblingslied.

Gib dir einfach eine Aufgabe und lenke deine Aufmerksamkeit bewusst auf etwas anders als auf das, was dir Angst bereitet. Dein Gehirn ist nämlich gar nicht in der Lage, den Gedanken der Angst zu verfolgen und die Körperreaktionen (wie Schweiß, Herzrasen usw.) in Gang zu setzen, während du dich ablenkst und einer anderen Aufgabe nachgehst. Es kann sich nämlich immer nur auf eine Sache konzentrieren.

Es ist nur eine Übung, die du ausprobieren und erlernen kannst. Mit der Zeit wirst du merken, dass deine Sorgen und vielleicht auch völlig unbegründete Ängste immer weniger Macht über dich haben werden und dass dein Gottvertrauen wächst.

* * *

Solange ich mich erinnern kann, hatte ich schon Angst, im Dunkeln allein zu sein. Eine Zeit lang arbeitete mein Mann in der Woche häufig in anderen Bundesländern und somit war ich nachts oft auf mich allein gestellt. Nacht für Nacht lag ich im Bett und hörte jedes Knarren, jedes kleine Geräusch in der Wohnung. Mein Körper versteifte sich und ich wagte es kaum zu atmen – nur, um ja keinen verdächtigen Laut zu verpassen. In manchen Nächten hatte ich vor Angst schier das Gefühl durchzudrehen, wenn meine Fantasie mit mir durchging. Auf einer Mutter-Kind-Kur, die ich später machte, erklärte mir eine Mitarbeiterin schließlich, dass ich meine Gedanken steuern kann. Dass ich ihnen nicht hilflos ausgeliefert sei. Ich hätte auch die Möglichkeit, mich gegen diese Gedanken zu entscheiden.

Dieses Gespräch irritierte mich damals, da ich zuvor nie darüber nachgedacht hatte. Ich war mir so sicher, dass sie im Unrecht lag, da mir meine sich oft verselbstständigenden Gedanken bereits zu übermächtig erschienen und ich es mir kaum vorstellen konnte, je Kontrolle über sie erlangen zu können. Trotzdem wollte ich es versuchen. Also fuhr ich nach Hause und begann abends mit dem Versuch, meine Gedanken wieder in die richtige Richtung zu lenken. Wenn ein Gefühl der Panik aufkam, gebot ich meiner finsteren Fantasie Einhalt, indem ich meine Gedanken stoppte und mich mit pochendem Herzen zwang, die Leere meiner Gedankenwelt zu ertragen.

Nach ein paar Tagen war ich sogar in der Lage, mich gedanklich abzulenken. Ich erinnerte mich immer wieder an die Gegenwart Gottes oder dachte über den vergangenen Tag nach. Dies führte schließlich dazu, dass ich inzwischen nachts kaum noch Geräusche wahrnehme und dass die Angst vor dem Alleinsein verschwunden ist. Ich bin frei geworden und weiß mich von Gott behütet.

Gottes Wunsch ist es, auch dich von deinen Ängsten zu befreien. Er sieht all deine Lasten und möchte sie für dich tragen. Er hat den Überblick über dein ganzes Leben, über das Gestrige, das Heutige und das Morgige. Vertraue Gott von ganzem Herzen und in jeder Situation und es werden sich nach und nach immer mehr Ruhe und Frieden einstellen (vgl. Phil. 4,6–7). Das hat Gott uns zugesichert. Gott zu vertrauen ist eine Entscheidung, die du täglich neu für dich treffen musst. Auch wenn die Angst dir weismachen möchte, dass du nicht vertrauen darfst. Du kannst auch in Anwesenheit von Angst Gott dein Vertrauen aussprechen.

In der zuvor erwähnten Beispielgeschichte hätte die besorgte Mutter der Teenagertochter an diesem Abend auch beten können: „Herr, du siehst meine Ängste. Du hast uns gesagt, dass wir uns nicht sorgen sollen. Ich will darauf vertrauen, dass du meine Tochter bei ihrem morgigen Ausflug behütest. Du sendest Engel, die über diese drei Mädchen wachen. Unter deinem Segen werden sie heil und glücklich wieder nach Hause kommen. Ich lege mein Vertrauen in deine Hände. Amen."

Sorgen bringen dir nur Leid ins Haus und treiben deinen Stresspegel nach oben. Außerdem bringen sie dich in keiner Weise weiter. So trifft es Jesus auf den Punkt, wenn er sagt: „Und wenn ihr euch noch so viel sorgt, könnt ihr doch euer Leben um keinen Augenblick verlängern" (Mt 6,25). Im Gegenteil: Sorgen stehlen dir nur deine wertvolle Lebenszeit und schwächen dein Immunsystem. Jedes Mal, wenn die Sorgen wiederkommen wollen, dann bremse diese Gedanken sofort aus und gib sie bewusst Gott ab. Wenn du sie schon einmal abgegeben hast, dann erinnere dich daran, dass die besagte Sorge ja schon gut aufgehoben ist bei Gott und dass du sie nicht wieder aus Gottes Hand reißen möchtest. Es ist nicht einfach, aber man kann es trainieren. Das Leben wird sich immer leichter und luftiger anfühlen. Man lebt ungezwungener und freier.

5.3 Vertrauen ist eine Entscheidung

Viele Frauen haben bereits große Lebenskrisen hinter sich oder stecken gerade inmitten einer solchen. Natürlich kommt dann schnell die Angst hoch, dass Gott eben doch in manchen Momenten unaufmerksam sein könnte oder zumindest manche Situationen gleichgültig hinzunehmen scheint. Offensichtlich schaut er einfach drüber hinweg, dass du den Job verloren hast, dass du kinderlos geblieben bist oder dich Abend für Abend in den Schlaf weinst. Gott schien weit weg, als der Unfall geschah, als du an Krebs erkranktest oder dein Kind starb.

In guten Zeiten fällt es uns so leicht zu vertrauen. Wir sind gesund, fühlen uns gesegnet und leben in Frieden vor uns hin. Unser Vertrauen fließt von ganz allein zu Gott und erfordert keine bewusste Willensentscheidung. Doch wenn unsere kleine Welt erschüttert wird, dann stockt unser Vertrauen. Wir halten inne und schalten von Vertrauen auf Verstand. Unser Misstrauen Gott gegenüber wächst, bis wir unser Vertrauen gänzlich über Bord werfen und dem Misstrauen, den Sorgen und den Ängsten das Ruder überlassen. Der Raum unserer Gedanken wird von all dem Negativen eingenommen, und wir versuchen krampfhaft und panisch, wieder festen Grund unter den Füßen zu bekommen.

In dieser Zeit helfen keine frommen Sprüche wie: „Gott lädt uns nur so viel auf, wie wir tragen können, und alles dient uns zum Guten." Es ist eben eindeutig zu schwer und alles andere als gut, was gerade passiert! Ein großes „WARUM, Gott?" steht über unserem Leben. In solchen Phasen sind ein treuer Freund oder eine treue Freundin, die sich still neben einen setzen und die Last schweigend mittragen am wertvollsten. So lange, bis man wieder den Boden unter den Füßen spürt.

Und wenn wir uns zaghaft trotz allem weiterhin für ein Leben im Vertrauen auf Gott entscheiden, dann wird unser Misstrauen Gott gegenüber langsam wieder weichen, auch wenn die Frage auf das Warum manchmal unbeantwortet bleibt. Das sind die Momente im Leben, in denen unser Vertrauen eine Willensentscheidung von uns fordert. Aus dem „Warum nur, Gott?" wird ein zaghaftes „Was jetzt, Gott?". Es scheint alles gegen Vertrauen zu sprechen, und doch kannst du tief in deinem Herzen die liebevolle, sanfte Stimme Gottes hören: „Vertraue mir, mein Kind. Trotzdem!"

Wenn du der Stimme des Misstrauens kein Gehör mehr schenkst und Gott neu dein Vertrauen zusprichst, dann kann der Friede wieder Einzug bei dir halten. Zu Beginn magst du noch aufgewühlt, skeptisch und unsicher sein, doch nach und nach wirst du wieder voller Ruhe sein.

Auch in den schlimmsten und schwierigsten Situationen unseres Lebens ist Gott nicht von uns gewichen.

„Verlass dich auf den Herrn von ganzem Herzen und verlass dich nicht auf deinen Verstand" (Spr 3,5–6). Wir wissen nicht, warum Gott so manches zulässt. Vielleicht werden wir es hier auf Erden auch nie erfahren. Aber du darfst immer wissen, dass er MITTEN in der Situation bei dir ist. Und gemeinsam mit ihm kannst du alles tragen. Allein Gott schafft es, aus der schwersten und dunkelsten Situation doch noch etwas Gutes entstehen zu lassen. Er ist dein Vater und hat gute Gedanken über dich und dein Leben (vgl. Jer 29,11). Er lässt deine Hand keine Sekunde deines Lebens los. Denn genau darauf ruht unser Vertrauen: Gott geht jeden Schritt neben mir her und wenn nötig trägt er mich hindurch. Ich kann ihm in jeder Situation vertrauen.

> *Miss deine Sorgen und Probleme niemals*
> *an deinem menschlichen Vermögen,*
> *denn sie werden dich immer überragen.*
> *Miss deine Sorgen immer an Gottes Größe.*
> *Wie David, der sich nicht an Goliath, sondern Goliath*
> *an Gott gemessen hat!*
> *Gott wird dich nicht enttäuschen.*

Sorgen, Ängste, Misstrauen – ganz praktisch aus dem Weg geräumt
Kurz nachgedacht – tief eingetaucht

* Wie sieht dein Seelensee aus? Gleicht er einem klaren, frischen Bergsee oder eher einem Tümpel voller Morast? Spru-

delt deine innere Quelle kraftvoll vor sich hin und schenkt Leben und Hoffnung? Oder ist sie von Zweifeln, Sorgen und Ängsten verstopft? Versuche, dir Zeit zu nehmen und auf ein Blatt Papier den Morast von Ängsten, Lasten, negativen Gedanken und Sorgen aufzulisten, die dir gerade die Luft zum Atmen nehmen und deinen Lebensstrom hindern zu fließen. Verweile kurz bei deiner Aufzählung. Welche Punkte kannst du zu Gott bringen und getrost ihm überlassen? An welchen Ängsten und Sorgen hältst du noch fest, weil sie dir zu wichtig oder zu groß erscheinen, um sie Gott abgeben zu können? Was könnte im schlimmsten Fall passieren, wenn du sie Gott doch übergibst? Besprich offen deine Bedenken mit Gott.

• Wenn es dir schwerfällt, deine Sorgen tatsächlich abzugeben, dann könnte dir eine „Sorgenschachtel" dabei helfen. Sobald du eine Sorge Gott abgeben möchtest, schreibe diese auf einen Zettel, und lege dein Anliegen bewusst in Gottes Hand, indem du diesen Zettel in die Schachtel legst. Sieh es als eine Art „Briefkasten Gottes" an. Sollten deine Gedanken wieder zu der Sorge zurückwandern und sie hervorholen wollen, so sage: „Stopp! Gott kümmert sich schon darum. Es liegt in seinem Briefkasten. Das Problem ist bereits in seiner Hand." Am Ende des Jahres kippst du die Schachtel dann aus und schaust dir dankbar an, wo Gott bereits ohne dein Zutun alles geregelt hat. Zettel mit Sorgen oder Gebetsanliegen, die noch offen sind, kommen wieder in die Kiste.

• Versuche, in der nächsten Woche bewusst auf deine Gedanken zu achten. Sobald deine Gedanken in eine negative, sorgenvolle oder ängstliche Richtung gehen, stoppe sie augenblicklich. Ersetze genau diese Gedanken der Angst mit der hoffnungsvollen Wahrheit Gottes. Wenn du das immer öfter machst, wirst du nach ein paar Wochen merken, dass nicht nur deine Gedankenwelt unbeschwerter und klarer wird, sondern dein ganzer Körper entspannter wird und ins „Gleichgewicht" kommt.

Kapitel 6

Deine Worte haben Macht – gebrauche sie weise!

Sage nicht immer, was du weißt,
aber wisse immer, was du sagst.
– Matthias Claudius –

6.1 Unsere Worte – ein Spiegel unseres Herzens

Wenn Königinnen einen Raum betreten, dann wird es um sie herum still. Sie bewegen sich anmutig und strahlen eine stille Eleganz aus. Wenn sie zum Reden ansetzen, so ist jedes ihrer Worte gewählt und bedacht. Denn eine Königin weiß um die Macht jedes ihrer ausgesprochenen Worte. Sie redet deutlich, majestätisch und klar.

Wie anders sieht das oft bei den Königstöchtern Gottes aus. Die meisten von uns reden sehr gerne. Manche reden viel und denken wenig, andere denken viel und reden kaum. Jede Frau ist in der Art und Weise ihrer Kommunikation verschieden, und doch haben wir eins gemeinsam: Unser Reden verrät viel über das, was unser Herz glaubt: „Wovon das Herz erfüllt ist, das spricht der Mund aus!" (Mt 12,34).

Dieser „Herzensglaube" bezieht sich nicht allein auf unseren Glauben an Gott. Er gibt uns auch Aufschluss über das, was wir über uns selbst und andere glauben, über unser Selbstbild („Ich bin unbedeutend"/„Ich bin stark"), unsere Kinder („Mein Kind ist faul"/„Mein Kind wird es weit bringen"), über unsere Mitmenschen („Du kannst keinem trauen"/„Es gibt so viel Gutes"), über unsere Regierung („Sie lügen und hintergehen uns"/„Sie treffen ihre Entscheidungen nach bestem Wissen und Gewissen") und natürlich auch über unser Gottesbild („Gott ist zornig über jeden Sünder"/„Gottes Liebe nimmt jeden verlorenen Sünder auf").

In der Bibel finden wir viele Stellen, die über die Macht unserer Worte beziehungsweise über „die Macht der Zunge" sprechen. Alle machen darauf aufmerksam, dass wir darauf achten sollten, worüber und wie wir sprechen. Ich bin jedoch davon überzeugt, dass wir unser Reden gar nicht wirklich verändern können, solange wir unser Herz nicht ebenfalls in Augenschein genommen haben. Denn unsere Worte spiegeln letztlich nur das wider, was in unserem Herzen ist.

Wenn uns doch nur bewusster wäre, welche Autorität und welche Macht unsere ausgesprochenen Worte besitzen, die im Herzen ihren Ursprung finden – unser Reden hat einen großen Einfluss auf unser gesamtes Leben! Jesus sagt: „Wenn jemand spricht und in seinem Herzen nicht zweifelt, sondern glaubt, dass das, was er sagt, geschieht, so wird ihm zuteilwerden, was immer er sagt" (Mk 11,23).

Wenn wir Jesu Aussage Glauben schenken wollen, dann sagt er hier eindeutig: Wenn du, Königstochter, etwas sagst und in deinem Herzen fest daran glaubst, dann geschieht, was du im Glauben ausgesprochen hast. Was für ein Segen, was für ein Geschenk, was für eine Macht und was für eine Waffe hat Gott uns hiermit in die Hand beziehungsweise auf die Zunge gelegt! So sagenhaft und herrlich diese Worte auch wirken, so hat jede Medaille doch zwei Seiten.

„Was einmal ausgesprochen ist, fällt auf dich zurück – sei es nun gut oder schlecht. Worte haben Macht: Sie können über Leben und Tod entscheiden. Wer sich gerne reden hört, muss mit den Folgen leben" (Spr 18,20–21). In der Luther-Übersetzung ist dieser Vers noch deutlicher ausgedrückt: „Tod und Leben stehen in der Zunge Gewalt; wer sie liebt, wird von ihrer [faulen oder guten] Frucht essen" (Spr 18,21; Ergänz. d. Verf).

Unsere Worte haben so viel Power, dass sie bildlich gesprochen Früchte hervorbringen, also unsere Realität prägen und verändern. Wir können uns von unserem eigenen Reden gesund ernähren oder uns damit innerlich vergiften. Tod bedeutet nicht immer nur das Ableben einer Person. Es bedeutet auch, viele kleine positive Ansätze und Möglichkeiten bereits im Keim zu ersticken und zum Sterben zu bringen, noch bevor sie erblühen konnten. Welche Früchte bringt dein Reden hervor, faule oder gute? Hast du schon einmal darauf geachtet, wie du über dich selbst redest? Wie redest du über deine Kinder? Wie redest du über deine Finanzen, deine Ehe, deine Zukunft und letztendlich auch über Gott?

Unser Reden als Indikator für unseren Herzenszustand zeigt an, in welche Richtung sich die unterschiedlichen Bereiche in unserem Leben hin entwickeln können. Manchmal brauchen wir gar nicht so tief in unser Innerstes zu tauchen. Wir brauchen uns nur einmal selbst beim Reden zuzuhören und können bereits erahnen, ob wir gute Früchte hervorbringen oder schlechte. Ist unser Herz eine lebenspendende oder eine lebensvernichtende Quelle für unsere Worte? Reden – und machen – wir die Umstände, andere Menschen und uns selbst immer wieder schlecht oder sind unsere Worte geprägt von Wertschätzung, Glaube und Hoffnung?

* * *

In der Psychologie spricht man gerne von der „selbsterfüllenden Prophezeiung". Dieser Begriff bedeutet, dass sich unsere Erwartungen auf unser Reden und Handeln auswirken und dass dieses Reden und Handeln unsere Umstände dann dahin gehend beeinflussen, dass sich unsere Erwartungen am Ende bestätigen. Ich möchte gerne drei Bereiche näher betrachten, die von unserem Reden beeinflusst werden können.

Als Erstes hat es Auswirkungen auf **unser gesundheitliches Befinden**. Viele Menschen reden sich selbst regelrecht krank und erkranken daraufhin tatsächlich. Andere nehmen leichte Symptome wahr und beschäftigen sich so lange mit ihnen, bis die Unverträglichkeit tatsächlich zutage tritt. Untersuchungen zeigten, dass bei Frauen, die glaubten, irgendwann einen Herzinfarkt zu erleiden, das Risiko, an einem solchen zu erkranken, viermal so hoch war. Wie der Glaube an Gesundheit gesund machen kann, so kann die Erwartung, krank zu werden, krank machen.[4]

---

4 Quelle: https://www.palverlag.de/lebenshilfe-abc/nocebo.html [zuletzt aufgerufen am 04.04.2019].

Ich will hier auf gar keinen Fall Assoziationen zu Zauberei oder esoterischem Gedankengut wecken, denn in beiden Fällen dürfen wir als Christen nicht ausblenden, dass es immer noch einen souveränen, allmächtigen und vor allem gnädigen Gott gibt, der uns auch gesund machen kann, wenn wir nicht daran glauben, und uns vor einer Erkrankung bewahren kann, obwohl wir uns beinahe schon selbst „krankreden", aber es ist sowohl biblisch als auch wissenschaftlich betrachtet nicht von der Hand zu weisen, dass zwischen unserem Reden und Denken und unserer Gesundheit durchaus ein großer Zusammenhang besteht. Allein weil Angst vor Krankheit Stress in uns auslöst, der wiederum unser Immunsystem schwächt.

Damit möchte ich nicht sagen, dass wir sämtliche Krankheiten unserem negativen Denken zu verdanken haben. Auch wenn mangelnde Vergebung, zugelassener Hass und Wut in unserem Leben ein Türöffner für Krankheiten sein können, so haben manche Krankheiten viel tiefere Wurzeln, die wir auf den ersten Blick gar nicht ergründen können.

Der zweite wichtige Bereich, den wir mit unserem Reden beeinflussen, betrifft **unsere persönliche Ausstrahlung und unser Selbstwertgefühl**.

Ich glaube, dass jedem bewusst ist, dass er mit seiner inneren Einstellung zu sich selbst sowohl seine Ausstrahlung als auch sein Selbstwertgefühl und seine Lebensfreude beeinflussen kann. Was uns oftmals jedoch nicht bewusst ist, ist die Tatsache, dass wir mit unserer inneren Einstellung und unseren Kommentaren auch entscheidende Entwicklungen in unserem Leben lenken können. Unser Leben entwickelt sich in die von uns angegebene Richtung.

Nehmen wir einmal ein Beispiel: Ich unterhalte mich mit einer Freundin über mein anstehendes Bewerbungsgespräch.

1. Möglichkeit:

„Ich habe das Gefühl, dass sie mich nicht nehmen werden. Ich mache mir erst gar keine großen Hoffnungen. Sie merken vermutlich gleich, dass ich gar nicht so viel Ahnung auf diesem Gebiet habe. Und wenn ich mir all die anderen Bewerber anschaue, dann weiß ich jetzt schon, dass ich verloren habe: nur hübsche, junge Dinger. Ich bin bestimmt doppelt so alt. Wer stellt mich da noch ein?"

2. Möglichkeit:

„Ich bin mächtig aufgeregt, aber ich bin gut vorbereitet und fühle mich bereit. Ich habe meinen Lieblingsblazer an und werde ein selbstbewusstes Bild abgeben. Trotz meiner Aufregung werde ich souverän auf alle Fragen antworten und wenn ich etwas nicht wissen sollte, offen und charmant zu meinen Fehlern stehen. Ich wäre eine Bereicherung für das Team, weil ich mit meinem Alter bereits viel Lebens- und Arbeitserfahrung gesammelt habe. Ich weiß, wer ich bin und was ich kann."

Es ist dasselbe Bewerbungsgespräch, dieselbe Frau, derselbe potenzielle zukünftige Arbeitgeber. Und doch wird die Wahrnehmung der Bewerberin beim Arbeitgeber unterschiedlich ausfallen, je nachdem wie sie in dieses Gespräch hineingeht. Wir strahlen aus, was wir über uns selbst denken und sagen („Ich traue mir das zu"/„Ich habe eher Angst").

Damit beeinflussen wir unweigerlich, wie wir von unserem Gegenüber wahrgenommen werden („Sie ist selbstbewusst und wird es packen"/„Sie traut sich wenig zu").

Und sein Denken über uns entscheidet wiederum über sein Handeln („Ich stelle sie ein"/„Ich stelle sie nicht ein"). Sein Handeln bestätigt unser Denken über uns („Cool, er glaubt an mich"/„Ich wusste, dass sie mich nicht nehmen").

An diesem Beispiel sehen wir, dass wir durch die Überzeugungen unseres Herzens oft unbewusst die Richtung angeben, in die sich die Dinge in unserem Leben entwickeln werden.

Ein mir unbekannter Autor schrieb einmal:

„Sie sagten, Sie können nicht –
als Sie das sagten, waren Sie schon besiegt.
Sie sagten, Sie haben keinen Glauben –
da stand der Zweifel auf wie ein Riese und nahm Sie gefangen.
Sie haben dem Versagen Ihre Stimme geliehen,
und das Versagen hat Sie in Gebundenheit geführt."

* * *

Wie oft haben wir Chancen in unserem Leben nicht ergriffen, weil wir der Stimme des Versagens geglaubt haben und ihr unsere Worte verliehen haben? Wie oft bremsen wir uns selbst, unsere Kinder oder andere nahestehende Personen aus, weil wir ihnen oder uns selbst etwas nicht zutrauen? Wie oft ersticken wir unsere Lebensträume schon im Keim? Wie oft gehen wir gar nicht erst los? Wie oft trauen wir noch nicht einmal mehr Gott etwas zu? Und das alles nur aus der Angst heraus, zu versagen oder enttäuscht zu werden. Somit ist vieles, was wir heute sind und haben, das Ergebnis dessen, was unser Herz in der Vergangenheit geglaubt und unser Mund als Sprachrohr unseres Herzens bestätigt hat. Unser Leben und unser Glauben werden niemals eine höhere Ebene erlangen, als es unsere Selbstwahrnehmung, unser Herz und unsere Worte erlauben.

Ein weiterer Bereich, den wir mit unseren machtvollen Worten beeinflussen, sind unsere **zwischenmenschlichen Beziehungen**. Bei der „selbsterfüllenden Prophezeiung" geht es auch bei Beziehungen um eine Erwartungshaltung, mit der ich meinem Gegenüber eine Rolle zuweise, die der- oder diejenige dann auch erfüllt.

Wenn wir einen Menschen zum Beispiel nicht mögen, werden wir an ihm kein gutes Haar lassen. Wir begegnen ihm von vornherein „fehlerorientiert" und urteilen später hart über ihn. Bei dem kleinsten Negativen, das er sagt oder macht, fühlen wir uns dann in unserer Wahrnehmung bestätigt, dass dieser Mensch schlecht ist. Dabei kann ein guter Freund exakt dasselbe sagen oder tun, ohne dass wir ihn auch nur im Entferntesten genauso kritisch beurteilen würden. Denn einem Freund unterstellen wir von vornherein Gutes.

Unser Reden beeinflusst nicht nur unsere Sicht auf unsere Mitmenschen, sondern auch unsere Beziehungen zueinander. Und merkwürdigerweise fallen uns oft schneller die Schwächen als die Stärken auf, bei anderen und bei uns selbst. Das spiegelt sich schon in der Kindererziehung wider. Vielen Eltern fallen die Defizite ihrer Kinder schneller auf als deren Stärken. Irgendwie scheinen die Schwächen manchmal offensichtlicher zu sein. Das Kind oder unser Arbeitskollege ist eben tollpatschig, aggressiv, launisch, hässlich, ängstlich, dumm oder anstrengend.

Was kann man da noch schönreden? Jedoch dürfen wir auch hier nicht vergessen, dass wir mit unserem Reden unser Gegenüber beeinflussen und ihm eine bestimmte Rolle zuteilen. Besonders zeigt sich das bei der Kindererziehung: Laut entwicklungspsychologischem Allgemeinverständnis entwickelt sich ein Kind in besonderem Maße nach der Erwartung seines Umfeldes. Sehen Eltern und Lehrer viel Potenzial in einem Kind, wird es sich auch positiv entwickeln und entfalten. Erwarten die Bezugspersonen von einem Kind jedoch eher wenig, weil sie es zum Beispiel für wenig aufnahmefähig und ungeschickt halten, wird sich dieses Kind auch in diese Richtung entwickeln. Es wird dann auch von sich selbst wenig erwarten und sein Potenzial, das verkannt wurde, verkümmert.

Oft müssen wir als Eltern die Meinung über unser Kind nicht einmal laut äußern. Das Kind nimmt auch unterbewusst unsere innere Einstellung beziehungsweise Erwartungshaltung ihm gegenüber wahr und versucht, ebenfalls unterbewusst, diese zu erfüllen. Jeder Mensch zeigt einen kurzen Moment der Freude, wenn seine Erwartung erfüllt wurde – selbst wenn die Erwartung negativ ist. Das Kind nimmt unbewusst die („positive") Bestätigung der Eltern wahr und entwickelt sich weiter in die vorgegebene Richtung. Daher lohnt es sich besonders bei Kindern, jede negative Einstellung zu hinterfragen und zu überlegen, inwieweit die erkannte „Charakterschwäche" nicht auch eine positive Kehrseite hat. Ist ein Kind zum Beispiel laut und energisch, dann hat es auch Leidenschaft und Begeisterungsfähigkeit im Gepäck. Oder beschwerst du dich, dass sich dein Kind nicht allein beschäftigen kann?

Nun, vielleicht ist diese vermeintliche Schwäche ja auch nur der Ausdruck eines besonderen Sozialgefühls, das dein Kind später zu einem richtigen Teamplayer machen wird. Suche diese positiven Kehrseiten und stärke mit deinen Worten das Gute im Kind – sowie generell in deinen Mitmenschen. Erwarte das Gute – und es wird dir begegnen!

6.2 Bekämpfe die alltäglichen „Beflüglungskiller"

Wenn du eine Rose liebst, liebst du auch ihre Dornen.
– Unbekannt –

Im Zusammenhang mit der Macht der Worte möchte ich dir drei „heimliche Begleiter" im zwischenmenschlichen Bereich vorstellen, die vor allem bei unserem Gegenüber großen Schaden anrichten und ihm den Zugang zur Leichtigkeit des Glaubens verstellen können. In unser Leben gelassen, schaden und vergiften diese drei „heimlichen Begleiter" uns und unsere mitmenschlichen Beziehungen. Sie nehmen uns im Alltag Segen und Kraft. Jede Frau kennt diese heimlichen Begleiter. Die verwandten Gestalten nennen sich: Lästern, Kritisieren und Richten. Alle drei fühlen sich wohl miteinander und wenn man nicht aufpasst und ihre Gemeinschaft zu sehr genießt, steht man am Ende allein da. Denn alle drei haben dieselbe Nebenwirkung: Sie vergiften Beziehungen und machen einsam.

Lästern

Der erste heimliche Begleiter fühlt sich in der Gemeinschaft mit anderen dann am wohlsten, wenn wir uns über eine abwesende Person auslassen. Zu diesem Thema fällt mir eine bestimmte Jungscharstunde ein. Jedes Kind bekam eine Rose mit dem Auftrag, so schnell wie möglich alle Blätter und Blüten einzeln auszureißen. Als der Sieger bekannt wurde, bat man ihn, die Blüten vorsichtig wieder am Stiel zu befestigen. Das Kind war zu Recht etwas irritiert, denn die Rose ließ sich nicht einfach wieder reparieren. Die Rose steht für jeden Einzelnen von uns. So manches Mal reden wir mit Freunden über andere und „zupfen" damit ihre Gaben, Taten und Charaktereigenschaften auseinander.

Es passiert ganz schnell, sobald zwei Menschen aufeinandertreffen. Gerade Frauen reden gerne über dieses und jenes, und leider oft auch gerne über andere Frauen. Dadurch ist schon so manche Freundschaft zerbrochen. Die Schäden, die verletzende Worte angerichtet haben, lassen sich mit einer Entschuldigung nicht mal eben wieder reparieren, denn Rosen sind, wie man weiß, ziemlich zart besaitet.

Wie kommt es, dass wir kein Problem damit haben, ein Urteil über unseren Nächsten zu fällen, aber an die Decke gehen, sollte irgendjemand es wagen, ein Urteil über uns selbst zu fällen? Woher nehmen wir uns das Recht heraus, über den anderen zu reden und zu richten? Jeder Mensch hat seine eigene Prägung, seine eigene Kindheitsgeschichte und seine eigenen Wunden vom Leben davongetragen und gestaltet, genau wie wir selbst, sein Leben nach seinen besten Möglichkeiten. Wie können wir kleine Menschen daherkommen und darüber urteilen, ob unser Nächster verschroben und komisch ist und „falsch" tickt? Ein indianisches Sprichwort sagt:

Urteile nie über einen Menschen, bevor du nicht
tausend Schritte in seinen Schuhen gegangen bist.

Urteile nicht! Wir wissen nicht, warum unser Nachbar so hartherzig erscheint. Warum sich eine Frau bewusst gegen Kinder entscheidet. Warum sich eine Familie partout weigert, in eine Gemeinde zu gehen. Warum die ältere Dame jeden angiftet, der vorübergeht. Wir wissen es nicht. Wir kennen weder ihre Vergangenheit noch die Wunden, die sie verbittern ließen. Daher sollten wir darüber auch nicht urteilen.

Wie kommt es aber, dass es irgendwie in uns verankert zu sein scheint? Aus psychologischer Sicht gibt es mehrere Gründe. Ich möchte hier lediglich auf zwei von ihnen eingehen, die meiner Meinung nach besonders wichtig sind. Der erste Grund erscheint einfach und logisch: Wir lästern, um ein Gemeinschaftsgefühl zu erzeugen. Es ist eine Gemeinschaft auf sehr niedrigem Niveau, aber immerhin eine Gemeinschaft. Wir als Gruppe haben einen gemeinsamen Nenner: die Fehler anderer Menschen.

Ein weiterer Grund, weshalb Menschen abfällig über andere reden, ist der, dass sie selbst in einem besseren Licht dastehen möchten. Sehr häufig ist das der Fall bei Personen, die sich gerne mit anderen vergleichen. Wie das Wort „abfällig" schon sagt, möchte man den anderen von seiner Position „abfallen" sehen, um selbst auf der höheren Stufe stehen zu können. Auch wenn wir uns nur über die merkwürdige Erziehung einer Freundin unterhalten, setzen wir sie damit herab, um uns selbst besser dastehen zu lassen. Denn die eigene Erziehung wirkt im Vergleich dann „richtiger". Man hat im Gespräch indirekt verdeutlichen können, dass man die bessere Mutter von beiden ist.

Abgesehen davon lenkt Lästern von den eigenen Schwächen ab. Menschen mit gesundem Selbstbewusstsein urteilen viel gnädiger beziehungsweise gar nicht so schnell über eine andere Person. Sie nehmen sich selbst mit ihren Fehlern und Schrammen an und lassen auch ihr Gegenüber Fehler und Schrammen haben, ohne es zu verurteilen. Menschen mit großem Selbstzweifel wiederum urteilen erbarmungsloser. Sehen sie zum Beispiel eine korpulente Person, so lassen sie ihren urteilenden Gedanken mitunter freien Lauf: „Mensch, ist sie fett! Sollte mal aufhören zu essen. Hat sie keine Selbstdisziplin? Sport würde ihr auch mal guttun ..."

Das Traurige ist, dass diese Personen oft noch härter mit sich selbst ins Gericht gehen. Jeder noch so kleine Fehler an sich wird wahrgenommen, kritisiert und verachtet. Sie lassen selten ein „Blatt" an sich hängen, um noch einmal im Bild der Rose zu sprechen. Sie haben sich vermeintlich fest im Griff, nichts wird übersehen oder gutgeheißen, was nicht dem Ideal entspricht. Dies kann zu einem zwanghaften und sehr anstrengenden Leben führen.

Das Lästern kann solche Menschen dann entspannen. Denn es ist einfacher, sich mit den Fehlern anderer zu befassen, als die eigenen schmerzhaften Anklagen im Inneren zu ertragen. Und es ist viel einfacher, sich mit den Arbeitskollegen oder Freundinnen über einen etwas unpassenden Kommentar oder eine missglückte Situation auszulassen, als die betreffende Person direkt anzusprechen. Anstatt dass wir hinter dem Rücken unserer Freunde oder Arbeitskollegen reden, sollten wir den Mut aufbringen, mit ihnen persönlich über die besagte Angelegenheit zu sprechen und konstruktive Kritik zu üben. Dazu fehlt jedoch leider, auch mir, viel zu oft der Mut. Dabei würden alle Beteiligten am ehesten davon profitieren. Daher: Nur Mut, was kann schon Schlimmes passieren?

Kritik (besonders gern in Familien vertreten)

Der zweite heimliche Begleiter kommt ganz unschuldig daher. Wenn jemand einen Fehler begangen hat, dann wird man ihn doch wohl darauf hinweisen können. Lasst mich euch diesen Trugschluss am Beispiel einer meiner großen Vorbilder, Gaby Wentland, offenlegen: Im christlichen Elternhaus aufgewachsen, ging sie als junge Frau in die Mission und erlebte Großes mit Gott. Heute leitet sie ihr Herzenswerk „Mission Freedom", das gegen Zwangsprostitution in Deutschland und Kriminalität gegen Frauen kämpft. Wie Gaby auf einer Frauenkonferenz erzählte, wollte sie nie heiraten, da sie viele Ehen um sich herum als heuchlerisch wahrgenommen hatte. Doch Gott hatte nach ihren Worten andere Pläne. Er zeigte ihr einen Mann, der ihr zur Seite stehen sollte. Als Gaby Gott widersprechen wollte, sprach er tief in ihr Herz hinein: „Gaby, wenn du dich an meine Weisung hältst, dann wirst du eine gute Ehe führen." Diese Weisung lautete ganz simpel: „Kritisiere nicht ein einziges Mal deinen Mann! Es steht dir nicht zu, denn er ist mein geliebtes Kind."[5]

Bis heute hält sie sich an diese Anweisung – und ist glücklich verheiratet. Sollte Gott die Ehe von Gaby besonders schützen wollen? Das glaube ich nicht. Gott weiß, welches Potenzial glückliche Ehen haben können, welche Berge sie versetzen und welche Nöte sie in der Welt lindern können. Gott hat die Ehe gewollt und möchte deshalb jede einzelne segnen. Doch leider nehmen wir uns diesen Segen oftmals, indem wir unserem Kritikgeist freien Lauf lassen. Seit ich frisch verheiratet bin, kommen mir immer wieder Sticheleien gegen meinen Mann über die Lippen.

Kommen dir die folgenden Situationen vielleicht bekannt vor? Nach dem Einkauf wird erst einmal aufgelistet, was der Mann alles „falsch" eingekauft hat. Die Augen werden verdreht, wenn der

---

5   Aus einem Vortrag von Gaby Wentland auf der Frauenkonferenz „Strahlend" am 9. Nov. 2019 in der „Jesus Gemeinde" Dresden.

Mann die Anziehsachen der Kinder vertauscht hat. Frau wird sauer, wenn das Steak, das fürs Mittagessen gedacht war, im Nachthunger gegessen wurde. In gemütlicher Zweisamkeit sitzt man vor dem Fernseher und gibt leise, abwertende Laute von sich, weil der Mann eine ganze Tafel Schokolade in nur zehn Minuten verschlingt.

Mit jeder Kritik signalisiere ich meinem Ehemann: „Du bist falsch – ich bin richtig." Kritik, auch nonverbale und lediglich durch unsere Körpersprache ausgedrückte, Nörgelei und Rechthaberei zerstören ein von Wertschätzung geprägtes Miteinander und das Vertrauen. Sie vergrößern die Distanz zwischen zwei Eheleuten, denn Zwischenmenschlichkeit folgt einem einfachen Prinzip: Kritik zerstört, Annahme baut auf.

Ich bin davon überzeugt, dass unsere Ehemänner, unsere Ehen und am meisten wir selbst davon profitieren, wenn wir Frauen in unserem Leben weniger nach dem Prinzip „Ich muss" und stattdessen mehr nach dem Prinzip „Ich darf" leben würden. Denn wenn wir uns selbst mehr zugestehen, können wir auch anderen gegenüber großzügiger und gnädiger reagieren, wenn sie sich nicht so verhalten, wie wir es von ihnen und uns selbst verlangen. Ja, auch ich darf Freizeit genießen. Ich darf auch einmal nicht mitdenken und etwas vergessen. Ich darf mir auch etwas vom Einkauf gönnen, das mir gerade Appetit bereitet. Ich darf auch ab und zu ein Chaos hinterlassen. Und schließlich darf ich mir auch ab und zu einfach mal eine ganze Tafel Schokolade allein gönnen – und zwar ohne Gewissensbisse!

Wenn wir gnädiger zu uns selbst sind, dann sind wir es auch gegenüber unseren Mitmenschen und auf das Nörgeln können wir getrost verzichten. Aus unserem „Du bist falsch – ich bin richtig" wird irgendwann ein „Es ist vollkommen okay, wie wir beide sind, nämlich unvollkommen und doch liebenswert".

Dieser Satz beziehungsweise diese Überzeugung wird auf deine gesamte Familie abstrahlen. Denn viel zu oft zieht sich unser vielleicht sogar gut gemeintes Kritikbedürfnis bis in unsere Erziehung hinein. Wenn wir die Botschaft „Du bist nicht richtig" direkt oder indirekt oft genug unseren Kindern übermittelt haben, beginnen sie, dieser Botschaft Glauben zu schenken und sich nach unseren Erwartungen zu entwickeln: nicht richtig. Viele Kinder versuchen schon gar nicht mehr, den hohen Erwartungen der Eltern gerecht zu werden, oder sie zerbrechen trotz großer Bemühungen exakt an diesen. Kritik bewirkt nur eines: Unser Gegenüber fühlt sich unzulänglich und lebt mit einem wesentlich größeren Bewusstsein für seine Fehler und Schwächen als für seine Stärken. Es ist an der Zeit, dass Ehefrauen und Mütter gnädiger zu sich selbst und zu ihren Familienmitgliedern werden. Das meint übrigens nicht, dass wir Frauen immer die Schuldigen sind – ganz und gar nicht. Aber Veränderungen im Außen fangen schließlich häufig in einem selbst an ...

Und der veränderte Umgang mit deinem Kind hilft ihm dann, selbst neue Verhaltensmuster einzuüben. Die Triebkraft hinter einer Vielzahl von Handlungen unserer Kinder ist es, wahrgenommen zu werden. Wenn wir unserem Kind positive Aufmerksamkeit schenken, kann es nach und nach sein negatives Verhalten ablegen. Mit Teenies könnte es eine Herausforderung werden, doch diese Strategie funktioniert in jedem Alter. Ganz egal, wie sehr die Kids um sich schlagen – Kinder wie auch Erwachsene wollen eigentlich nur eines: um ihrer selbst willen geliebt werden.

***

Zu Beginn meiner Erzieherausbildung las ich folgenden einprägsamen Spruch: „Natürlich habe ich viele Fehler, wenn du wenig Liebe hast." Ich habe diesen Spruch niemals vergessen. Jedes Mal, wenn mir ein kleiner Rebell oder ein anderer Mitmensch begegnet, der mich herausfordert, versuche ich, auf meine fehlende Liebe zu achten anstatt auf seine scheinbaren Fehler. Keiner möchte nur wegen seiner guten Taten geliebt und wegen seiner Fehler abgelehnt werden. Und keiner möchte ständig wegen seiner Fehler kritisiert werden.

Wenn es dir zu schwerfällt, dann bitte Gott darum, deinen Mitmenschen, der dich herausfordert, aus seinem göttlichen Blickwinkel, mit den Augen seiner Liebe und Annahme sehen zu können. Ganz gleich, ob es Arbeitskollegen, Gemeindegeschwister, ganze Familien oder Ehen sind – Gott liebt es, Menschen wieder zueinander zu führen und die Liebe siegen zu lassen.

Je mehr Wertschätzung und Annahme einen Menschen begleiten, desto besser kann dieser aufblühen. Beginne, Gutes über deine Familie auszusprechen. Bete für sie und gib sie immer wieder bewusst an Gott ab. Gott gab dir in deiner Ehe und Familie nur den einen Auftrag: deinen Mann und deine Kinder zu lieben und anzunehmen, wie du dich selbst lieben und annehmen sollst (vgl. Mk 12,31). Du kannst nur dein eigenes Verhalten zum Positiven beeinflussen und korrigieren. Konzentriere dich auf dein Verhalten, und du wirst sehen, wie sich deine Ehe und alles um dich herum Stück für Stück verändert. Dieses Zitat bringt es auf den Punkt:

> *„Nichts ändert sich, bis man sich selbst ändert,*
> *und plötzlich ändert sich alles." – Unbekannt –*

Ich rede in diesem Abschnitt natürlich nicht von Ehen, die von Gewalt bestimmt sind. Sobald Frauen oder Kinder von häuslicher Gewalt, Missbrauch oder sexuellen Übergriffen betroffen sind, dann geht der Schutz dieser Personen immer vor. Ein Verhalten, das Leben zerstört, sollte nicht versteckt, entschuldigt oder in falscher Demut einfach ausgehalten werden. Es braucht Kraft und Mut, aus dieser Beziehung auszusteigen, um das schützen zu können, was bedroht wird.

Richten

Beim dritten heimlichen Begleiter handelt es sich um das Richten. Ich bin in einer Glaubensgemeinschaft aufgewachsen, die alle anderen Konfessionen und Strömungen abgelehnt hatte und als von Gott entfernt ansah. Für mich stand fest, dass Landeskirchler nur „Namenschristen" sind, dass Katholiken Maria zu einer Gottheit gemacht haben und Charismatiker den Glauben nicht ernst nahmen.

Bei den Konfessionen allein blieb es allerdings nicht. Früh wurde mir in meiner Gemeinde zu verstehen gegeben, dass es eine Sünde sei, als Frau Männerkleidung (Hosen) zu tragen und den Eltern zu widersprechen. Dies wären Zeichen eines trotzigen Verhaltens derjenigen, die Gott fern seien. Ich glaubte, dass Menschen, die rauchten und Tätowierungen hatten, keine Christen sein konnten. Ich glaubte, so viel zu wissen. Habe ich über all diese Menschen gelästert? Nein, nicht im Geringsten. Ich habe mich lediglich innerlich über sie gestellt und habe mich über sie erhaben gefühlt – weil ich glaubte, den rechten Weg gefunden zu haben, während sie noch immer gottlos umherirrten.

Mein erster Schock kam auf der Bibelschule. Plötzlich meinten Mitschüler verschiedener Konfessionen mit verschiedenen Kleidungsstilen und sogar mit Piercings in der Nase, wahrhaftige Christen zu sein. Von meiner christlichen Erziehung geprägt, dachte ich, ich wäre in „Sodom und Gomorra" gelandet. Meine ganze Ordnung geriet durcheinander und das bereitete mir Angst. Was stimmte nun? Waren Raucher Sünder und gottverlassen oder nicht? Die Meinung meiner anerzogenen Überzeugungen stand gegen die Meinung eines Christen, der für mich spürbar in einer lebendigen Beziehung zu Gott lebte.

Ein Mensch erhebt sich meistens dann zum Richter, wenn er aus Verunsicherung heraus die Ordnung um sich herum wiederherstellen möchte – in diesem Fall die Ordnung von „richtig und falsch".

Jeder hat seine eigene Vorstellung von richtig und falsch. Diese setzt sich zusammen aus anerzogenen und erlernten Werten, Verhaltensregeln und Gesetzen, die zusammen unseren moralischen Kompass darstellen.

Was uns als „falsch" erscheint, ist meistens all das, was uns erst einmal fremd erscheint oder eben im Widerspruch zu unseren Überzeugungen und unserer eigenen Erziehung steht. Ich habe auf der Bibelschule bald lernen müssen, dass es ein gefährliches Unterfangen war – und ist –, von meiner individuellen Prägung auf eine allgemeine Ordnung schließen zu wollen. Denn sobald man auf seiner Ordnung, seiner Meinung oder seinem Standpunkt beharrt, verschließt und verhärtet man sein Herz gegenüber seinem Nächsten, der vielleicht andere Vorstellungen von richtig und falsch hat. Wir hören auf, die unterschiedlichen Standpunkte ernsthaft zu hinterfragen, und kämpfen nur um unser Recht. Ein lebendiger Glaube MUSS jedoch in Bewegung und korrekturfähig bleiben, um nicht zu sterben.

In der Zeitschrift „Aufatmen" hat Markus Schleske ein Artikel zum Thema: „Vom weichen Glauben, der nicht bricht" geschrieben. Seine Formulierung bringt es auf den Punkt: „Der Geist Gottes wirbt in uns um ein weiches und junges Herz. Das ist ein fragendes Herz. Denn einzig die Fragen, die wir haben, machen uns unsicher – und darum formbar. Wenn wir uns angewöhnt haben, uns auf unsere Antworten zu versteifen, wird der Glaube mit den Jahren dürr und hart. Solch ein Glaube, der arm an aufrichtiger Gottessuche ist, steht in der Gefahr, Gott zu verlieren. Denn wie soll der Himmel einen verhärteten Glauben formen? Er würde zerbrechen."[6]

Im ersten Bibelschuljahr musste ich alle meine bisherigen Überzeugungen, was richtig und falsch sei, über Bord werfen. Mir blieb

---

6 Martin Schleske: „Vom weichen Glauben, der nicht bricht". In Aufatmen (4/2014), S. 15.

nichts anderes übrig, als mit diesen Jugendlichen die Bibel zu studieren. Nachdem ich meine Vorstellungen von richtig und falsch abgelegt hatte, lernte ich leidenschaftliche Beter und kühne Glaubensriesen kennen. Ich lernte tätowierte Jugendliche kennen, die mich näher in die Gegenwart Gottes brachten, als es mein „geistlicher Jugendleiter" je geschafft hatte.

Nach drei Jahren konnte ich schließlich sagen, dass Gott mir mein Herz weit geöffnet hatte. Er war mir gnädig und hat mich nicht mit einem harten, engen Herzen zurückgelassen. Ich durfte lernen, seine Kinder aus aller Welt in meinem Herzen willkommen zu heißen – ganz gleich, wie sie sich kleideten und wie sie redeten. Ganz gleich, welchen Süchten sie noch verfallen waren oder ob sie nur noch unter Minderwertigkeitsgefühlen litten. Weißt du, was jedes Kind Gottes verbindet? Seine Liebe zu Gott! Und Gottes Liebe zu ihm! Noch nicht einmal Gottes eigener Sohn, Jesus Christus, ist gekommen, um zu richten (vgl. Joh 3, 17). Daher sollten auch wir nicht richten. Unsere Aufgabe ist es zu lieben. Jeder einzelne Mensch hat unsere Annahme verdient. Ganz gleich, wie und ob er seinen Weg mit Gott geht.

Ich möchte dich und mich selbst in diesem Zusammenhang auch dafür sensibilisieren, welche Meinungen und welche Kritik anderer wir uns anhören und zu Herzen nehmen. Lasst uns auf unsere Gedanken achten und uns nicht über unsere Mitmenschen und erst recht nicht über unsere Mitchristen erheben und stattdessen Jesu Vorbild folgen und Gnade walten lassen.

„Urteilt nicht über andere, dann wird Gott euch auch nicht verurteilen! Richtet keinen Menschen, dann werdet auch ihr nicht gerichtet werden! Wenn ihr vergebt, dann wird auch euch vergeben" (Lk 6, 37).

Letztendlich musste ich begreifen, dass ich allein aus Gnade zu Jesus gehören darf und dass er mich so unvollkommen, wie ich auch bin, in seiner Hand hält. Dieses Privileg schenkt Gott auch seinen anderen Kindern. Sie dürfen unvollkommen an seiner Hand durchs Leben gehen.

Richte nicht – auch dich selbst nicht – und lebe Gnade

Das Richten verliert seine Macht, wenn wir orientiert an Gottes Gnade uns gegenüber selbst Gnade üben. Das Lästern verstummt, wenn wir einen ehrlichen und ungeschönten Blick auf unser eigenes unvollkommenes Inneres werfen. Die Kritik verhallt, wenn wir unserem Nächsten zugestehen, Fehler machen zu dürfen. Wenn wir uns der bedingungslosen Annahme unseres Mitmenschen verschreiben, dann drehen wir darüber hinaus automatisch der Einsamkeit den Rücken zu. Kritik trennt, Annahme verbindet uns in der Familie, Nachbarschaft und Gemeinde, über verschiedene Generationen und Nationalitäten hinweg.

Und wie schon einmal erwähnt: Aller Anfang beginnt bei uns selbst. Deshalb sei gnädig zu dir selbst. Schau dir deine Gaben und deine Stärken an. Gestehe dir zu, Fehler haben und machen zu dürfen! Du musst sie nicht voller Stolz präsentieren, doch du brauchst dich auch nicht für sie selbst zu hassen und abzulehnen. Alle haben Fehler und ihre unbequemen Seiten. Das macht uns zu einzigartigen Persönlichkeiten. Das macht *dich* so einzigartig. Ja, du bist nicht perfekt. Aber wie langweilig wäre das auch? Du bist einzigartig und liebenswert. Du bist okay, so wie du bist. Dein Auftrag ist es, dich selbst anzunehmen. Und der Auftrag Gottes in Form des Heiligen Geistes ist es, gemeinsam Stück für Stück an dir zu arbeiten, auf dass du Jesus immer ähnlicher werden kannst.

Je positiver du von dir denkst, desto positiver werden auch deine Ausstrahlung und dein Reden. Dein Herz wird gefüllt werden mit Güte, Liebe, Annahme und Gnade. Wenn du anfängst, gnädig zu dir selbst zu sein, wirst du auch gnädiger über deine Mitmenschen denken. Du wirst in dem Bewusstsein von Gnade auch Christen mit anderen Ansichten stehen lassen können. Wenn du deine Fehler annimmst, dann kannst du auch deinen Mann und deine Kinder mit all ihren Fehlern besser stehen lassen.

Wir alle, du und ich, sind, wie wir sind. Verziert mit Narben, Fehlern und Macken. Und doch sind wir geliebt und frei von Verurteilung. Die Annahme meiner selbst und der ausbleibende Drang, den anderen beurteilen, richten und kritisieren zu müssen, setzten eine große Leichtigkeit in mir frei. Ja, bedingungslose Annahme beflügelt und befreit – aus den eigenen negativen Denkmustern, die von uns selbst und anderen permanent Perfektion erwarten und das Prinzip der Gnade nicht kennen.

Ich hätte nicht gedacht, wie viel Lebensqualität man allein dadurch gewinnen kann, wenn man sein Innerstes frei von diesen schädlichen Dingen macht und die eigenen Gedanken bewusst mit Gnade und Positivem füllt. Abschließen möchte ich dieses Kapitel deshalb mit einer Lebensweisheit, die meiner Meinung nach eine tiefe Wahrheit enthält:

Denn aller Anfang ist der Gedanke!
Achte auf Deine Gedanken, denn sie werden zu Worten.
Achte auf Deine Worte, denn sie werden Handlungen.
Achte auf Deine Handlungen, denn sie werden Gewohnheiten.
Achte auf Deine Gewohnheiten, denn sie werden Dein Charakter.
Achte auf Deinen Charakter, denn er wird Dein Schicksal.
– Aus dem Babylonischen Talmud –

Lästern, kritisieren, richten – ganz praktische Auswege
Kurz nachgedacht – tief eingetaucht

- Wie redest du über andere Mitmenschen? Was sagt dein Reden über dich selbst aus? Welche Meinung hast du von dir selbst? Wenn du sie aussprechen möchtest, dann sprich gleich darauf die Meinung aus, die Jesus von dir hat. Lege die Wahr-heiten Gottes über deine Unzulänglichkeiten, deine Fehler und deine Schwächen. Mach dir ganz neu bewusst: Gottes bedin-gungslose Annahme ruht auf dir.

- Fällt dir eine bestimmte Person ein, mit der du besonders hart ins Gericht gehst? Dann ermutige ich dich, einmal ALLE positiven Eigenschaften aufzuschreiben, die dieser Mensch hat. Notiere jedes Detail, sei es auch noch so klein. Diese Liste wird dir helfen, der Person zugewandter zu begegnen. Deine Haltung und deine Kommentare ihr gegenüber werden sich langsam ändern. Dies wiederum wird das Verhalten deines Gegenübers dir selbst gegenüber ändern. Erinnere dich: Kritik zerstört, Annahme baut auf.

- Ist es vielleicht dein eigenes Kind, das deiner Kritik am meisten ausgesetzt ist? Dann schreibe alle guten Eigenschaf-ten deines Kindes nieder und lob es auch immer wieder da-für, wenn etwas Positives zum Vorschein kommt. Du soll-test jedoch ehrlich sein. Kinder durchschauen Heuchelei schneller als Erwachsene. Daraufhin nimm dir Zeit und geh mit deinem Kind schick essen oder mach einen besonderen Ausflug. Natürlich nur zu zweit. An diesem Abend kannst du dein Kind nicht nur mit einer Einladung, sondern auch mit einem gemeinsamen Gespräch über seine großartigen Seiten wertschätzen. Sage ihm, was du an ihm liebst. Erinnerst du dich noch an kleine Begebenheiten aus der Vergangenheit? Erzähl sie ihm. Und redet auch darüber, was das Kind an sich selbst liebt. Welches Potenzial sieht es in sich? Welches Po-tenzial siehst du in deinem Kind? Was sind seine Träume und Wünsche? Wenn du möchtest, könntest du all die genannten Eigenschaften zu einem Brief zusammenfassen und ihm diesen später als Erinnerung überreichen. Jedes Mal, wenn dein Kind sich wieder wertlos fühlt, kann es diesen Brief lesen und sich ermutigen lassen.

* Wie steht es gerade um deine Ehe? Wenn du motiviert bist, könntest du die Herausforderung annehmen, einen ganzen Monat lang die begangenen „Fehler", die sich dein Mann in deinen Augen geleistet hat, wort- und kritiklos zu übergehen. Versuche stattdessen, jeden positiven Gedanken und jede positive Beobachtung, sei sie noch so klein, ernst gemeint ihm gegenüber laut zu äußern. Du wirst sehen, dass das Zurückhalten von Kritik eure Ehe mehr voranbringen wird als so manche Nörgelei, mit der man versucht, seinen Partner zum Umdenken zu bewegen.

* Schreib doch auch mal eine Liste mit allen positiven Eigenschaften, Talenten und Gaben, die dir an dir selbst auffallen, auf, und hol sie gerade an solchen Tagen hervor, an denen du wieder allzu streng mit dir ins Gericht gehst.

6.3 Setze deine Stimme weise ein!
Entdecke die schöpferische Kraft deiner Worte

Wir sind Königstöchter Gottes. Wir repräsentieren unseren himmlischen Vater auf der Erde. Und ich wünsche uns, dass unsere Umgebung an unserer Art zu reden unsere göttliche Abstammung erkennen kann. Ich wünsche uns, dass unser Herz von der Güte und Liebe Gottes so überzeugt ist, dass es auch in unserem Reden offenbart wird.

Wenn unser Herz voll von Annahme, Wertschätzung und Liebe ist, dann kann unser Reden nichts anderes verbreiten als eben das: Annahme, Wertschätzung und Liebe. Wenn unser Herz gefüllt ist mit Gutem und unser Reden und Handeln sich aus dieser Quelle speisen, dann bereiten wir den perfekten Nährboden dafür, dass gute Früchte in unserem Leben wachsen können.

Wir können dann gar nicht anders, als Gutes über unsere Kinder und Mitmenschen zu sprechen, egal, welche Macken und Schwächen sie auch haben. Durch unsere Worte der Ermutigung, Liebe, Geduld und Annahme, die wir in unseren zwischenmenschlichen Beziehungen und unseren verschiedenen Lebensbereichen erklingen lassen, werden wir sehen, wie langsam alles um uns herum aufblüht.

Erinnere dich daran, dass Jesus selbst uns in seinem Wort die Zusage gegeben hat, dass wir alles, was wir im Glauben reden, auch ernten dürfen (vgl. Mk 11,23). Mir ist bewusst, dass auch das keine „Zauberformel" ist und eine gewisse Spannung bestehen bleibt, wenn wir manche Dinge trotz allen Glaubens und positiven Redens nicht empfangen, aber es ändert nichts an der Tatsache, dass eine positive und auf Gott vertrauende innere Haltung das Leben auf jeden Fall schöner und leichter macht – und kein gutes Wort ist eines zu viel. Und keine Hoffnung zu groß.

Als Gott die Welt erschuf, da sprach er ein Wort und es geschah. Somit hatte jedes von Gott ausgesprochene Wort eine schöpferische Kraft. Daraus erschließt sich mir: Wenn wir Gottes Wort laut aussprechen und uns einander zusprechen, dann haben diese Worte ebenfalls eine schöpferische Kraft – einfach deshalb, weil sie Gottes und nicht unsere eigenen Worte sind, wobei selbst diese ja schon großen Einfluss haben können. Allein das Neue Testament birgt über 700 Verheißungen für uns, die wir aussprechen und im Glauben ergreifen dürfen. Sie „gehören" uns!

Eine davon ist zum Beispiel Gottes Zusage, dass er unseren Mangel aus dem Reichtum seiner Herrlichkeit ausfüllen wird (vgl. Phil 4,19). Wenn in Gottes Worten so eine Kraft verborgen liegt, dann sollten wir diese doch auch nutzen und anfangen, seine Worte

segnend über unser Leben, unsere Familie und Freunde auszusprechen. Lasst uns bedacht und deutlich Segen, Freude, Versorgung
und großartige Abenteuer in unser Leben hineinsprechen: „Gott,
ich danke dir, dass du mich tagtäglich reich segnest. Ich werde keinen Tag Mangel erleiden, im Gegenteil, du wirst deiner Tochter sogar weit mehr schenken, als vonnöten ist. Ich darf das Leben genießen und erkunden. Gemeinsam mit dir werde ich alles meistern.
Die Abenteuer des Lebens werden meine Familie, meinen Glauben
und meine Ehe stärken und festigen. Ich freue mich auf dein Wirken." Lasst uns als Frauen reden, die auf der Siegerseite des Lebens
stehen.

„Ich möchte über die anstrengende Beziehung zu meiner puber-
tierenden Tochter nicht mehr jammern und klagen. Die Pubertät
ist ein wichtiger Schritt auf dem Weg in die Selbstständigkeit meines Kindes. Respektvoll und im Vertrauen zueinander werden wir
die Zeit der Abnabelung gemeinsam bewältigen. Bis dahin leite und
lenke mich, Herr, dass ich meinem Kind alles Nötige mit auf den
Weg gebe. Herr, ich lege die kommende Zeit in deine Hand. Danke, dass du uns beide an die Hand nehmen wirst. Es wird eine gute
Zeit."

Ich glaube, dass genauso wie unser unbedachtes Reden den Zustand unseres Herzens widerspiegelt, so kann unser bedachtes Reden unser Herzens positiv prägen. Unser Herz ist der Dreh- und
Angelpunkt unseres Lebens. Das sagt uns schon die Bibel: „Behüte dein Herz mit allem Fleiß, denn daraus quillt das Leben" (Spr
4,23; LU). Es lohnt sich deshalb, die Überzeugungen deines Herzens
genauer zu betrachten und sie mit den Wahrheiten Gottes zu kon-
frontieren. Es wird sowohl deine Lebensqualität und Gesundheit als
auch deinen Umgang mit deinen Mitmenschen zum Positiven beeinflussen.

Erhebe deine Stimme, Königstochter!

Hast du die Power deiner Stimme je kennengelernt? Wir reden vielleicht gerne und viel, doch heißt das noch lange nicht, dass wir uns der vollen Präsenz unserer Stimme bewusst sind. Gott gab uns Frauen eine wunderbare, kraftvolle und warme Stimme. Einige von uns gebrauchen jedoch oftmals nur ihr zögerliches, leises Stimmchen. Gerade in Konflikten oder Diskussionen halten sich manche mit ihrer Meinung eher zurück und sprechen keine klaren Worte.

Auch im Entschuldigen sind viele Frauen Experten. Ich zähle jedenfalls dazu: Ich entschuldige mich, wenn ich angerempelt werde, wenn ich das Essen versalzen habe, wenn ich wenige Minuten zu spät dran bin, und sogar, wenn der Dame vor mir etwas aus der Hand fällt, obwohl es gar nicht meine Schuld war. Ja, ich habe mich tatsächlich schon einmal für die Vergesslichkeit oder Tollpatschigkeit anderer Menschen entschuldigt.

Und ich erinnere mich an Zeiten, in denen ich Unrecht still hingenommen habe. Ich bin regelrecht verstummt, wenn ich mit Ungerechtigkeit, Unwahrheiten oder Beleidigungen in meinem Umfeld konfrontiert wurde. Mein einziger Wunsch war es damals, dieser unangenehmen Situation so schnell wie nur irgendwie möglich zu entkommen.

Wie oft habe ich stillschweigend ertragen, wenn Menschen über meine Grenzen gingen. Und noch bis heute schweige ich viel zu oft aus Höflichkeit. Wenn ich jedoch zu Hause bin und die Kinder mal wieder durch die Wohnung toben, kann meine Stimme durchaus eine gewaltige Lautstärke haben. Plötzlich hat sie eine Kraft, die die Kinder zusammenzucken lässt. Viel zu oft setze ich die Macht meiner Stimme in den falschen Momenten ein.

Gott gab uns Frauen eine majestätische Stimme. In ihr schwingt Herzlichkeit, Mitgefühl, Güte, aber auch Stärke und Entschiedenheit mit. Und wir dürfen diese Stimme bewusst einsetzen. Nicht nur zögernd und höflich. Als seine Töchter dürfen wir Gottes Sprachrohr auf dieser Erde sein.

Also erhebe deine Stimme für Gerechtigkeit, wo unrecht gesprochen wird. Decke mit deiner Stimme Lügen auf und lasse die Wahrheit das Dunkel erleuchten. Baue mit deiner königlichen Stimme die Niedergeschlagenen auf. Motiviere die Erschöpften. Sprich Leben und Freude hinein, wo Trauer und Trostlosigkeit herrschen. Leihe all denen deine Stimme, die gerade verstummt sind. Deine Stimme kann die Welt um dich herum verändern. Und Gott liebt es, deine Stimme zu hören!

Ich wünsche dir, dass du dir der Stärke deiner Stimme bewusst wirst und dass du diese für das Gute im Leben einsetzt. Ich wünsche dir, dass du die Macht deiner Worte klug gebrauchst und Segen über dein gesamtes Leben sprichst. Erhebe deine Stimme, Königstochter!

> *Dein Gesang entsteht in deiner Seele,*
> *durchflutet dein Herz, bis er sich deiner Stimme bedient,*
> *um in die Welt zu treten.*
> – Marion T. Douret –

Unsere Worte als Spiegel unseres Herzens – ganz praktisch
Kurz nachgedacht – tief eingetaucht

- Wenn unser Reden den Zustand unseres Herzens offenbart, ist es vielleicht an der Zeit, das eigene Reden und somit eigentlich das eigene Herz genauer unter die Lupe zu nehmen. Wenn du dir von außen zuhörst, was erfährst du dann über den Glauben deines Herzens? Wie sprichst du über die Gesellschaft, deine Finanzen, deine Kollegen, deine Geschwister, deinen Mann, deine Kinder, deine Zukunft und über dich selbst? In welchem Bereich wäre es an der Zeit, verborgene

Lügen aufzudecken? Welche negativen Überzeugungen, Unsicherheiten oder Minderwertigkeitsgefühle möchtest du noch heute bei Gott loswerden?

• Ist es vielleicht an der Zeit, deine überhöhten (unterbewussten) Erwartungen an deine Kinder oder deinen Ehemann zu korrigieren? Dann sprich noch heute voller Glauben die guten Eigenschaften über deinem Kind aus, von denen du weißt, dass sie in ihm schlummern, nur im Moment noch nicht sichtbar sind. Egal, wie befremdlich es sich anhören mag, probiere es aus. Ich bin sicher: Sein liebendes und mitfühlendes Herz wird immer häufiger zutage treten. Gott wird mir helfen, meinem Kind dabei weise und liebevoll zur Seite zu stehen.

• Wenn du eher der kreative Typ Mensch bist, dann werde gleich künstlerisch tätig und gestalte dein Herz einmal als „Wohnstätte deines Lebens". Es könnte ein interessanter Ausflug werden! Zumindest wurde ich damals sehr herausgefordert, als meine Schwester mich fragte, wie ich mein Herz darstellen würde, wenn ich es mir als Wohnraum vorstellen sollte. Denn in dieser Zeit sah ich vor meinem geistigen Auge mein Herz erschreckenderweise als ein einsames, dunkles und verlassenes Häuschen. Gott sei Dank sieht es jetzt anders aus! Doch egal, wie die „Wohnstätte deines Lebens" gerade bei dir aussieht, du kannst Jesus jederzeit dazu einladen, mit dir gemeinsam dieses Haus zu betrachten – und eine neue Perspektive zu bekommen.

• Ist dir die Kraft deiner Stimme eigentlich bewusst? Wenn nicht, dann gehe doch noch diese Woche einmal in den Wald oder aufs freie Feld und rufe so laut du kannst aus dir heraus. Es ist etwas unsagbar Befreiendes, die eigene Stimme plötzlich wieder bewusst wahrzunehmen und festzustellen: Sie trägt ja tatsächlich etwas Machtvolles und Gewaltiges in sich! Es erfordert viel Mut, seine Stimme zu erheben und sich bemerkbar zu machen. Aber erinnere dich daran, dass Gott die Stimme seiner Tochter liebt und sich darüber freut, wenn Freiheit und Stärke in ihr durchklingen. Ja, er liebt es, wenn du voller Lebenskraft deine Stimme erhebst und damit deine Freiheit als seine Königstochter bezeugst. Lerne die Macht deiner Stimme kennen. Beim zweiten Mal nimm deine Kinder mit. Man ist nie zu jung, um die Kraft der eigenen Stimme kennenzulernen. Kinder, vor allem Mädchen, die sich der Power ihrer Stimme früh bewusst sind, werden diese auch besser gebrauchen können, wenn andere über ihre körperlichen und seelischen Grenzen trampeln wollen.

Kapitel 7
Liebe, die beflügelndste Kraft der Welt –
Lerne zu lieben, und zwar so richtig

Liebe kennt keine Grenzen,
nur den Weg darüber.
– Unbekannt –

7.1. Die Nächstenliebe

Auf meinem Weg hin zu einem entspannteren Leben mit Gott merkte ich immer wieder, welche zentrale Rolle das Thema Liebe dabei spielte. Es ging nicht nur darum, die Liebe Gottes endlich mit dem Herzen zu begreifen, sondern ich sollte auch lernen, genau diese echte, tiefe Liebe weiterzugeben – an andere und mich selbst. Denn gibt es eine beflügelndere Lebenskraft als die Liebe?

Als ich begann, dieses Kapitel zu schreiben, war ich mir recht sicher, dass ich ganz passabel im Bereich Nächstenliebe abschneiden würde. Ich versuchte, mir Streitigkeiten oder lieblose Gedanken ins Gedächtnis zu rufen, doch mir fiel dabei tatsächlich so schnell nichts ein. Selbstzufrieden brachte ich das Kapitel langsam zu Ende. Kurz vor dem Abschluss fuhren wir als Familie für ein paar Tage in den Urlaub.

Als wir in unserem Familienhotel angekommen waren, fiel mir sofort ins Auge, dass auf unserem Feriengelände auch mehrere Familien aus einer mir aus meiner Kindheit bekannten, streng konservativen Glaubensrichtung ihren Urlaub verbrachten. Da ich in diesen Kreisen aufgewachsen war, merkte ich, wie es in mir unruhig wurde. Meine Gedanken begannen, sich zu verselbstständigen, während ich dagegen ankämpfte und versuchte, wieder inneren Frieden zu erlangen.

Ich warf den Familien dieser Glaubensgemeinschaft insgeheim sofort vor, nur eine starre Religiosität zu leben, und war überzeugt davon, dass ihre Beziehung zu Gott von Werkgerechtigkeit und strengen Regeln dominiert wurde. Gleichzeitig sehnte sich ein Teil in mir nach diesem heimatlichen Gefühl einer großen familiären Gemeinde. Doch die innere Rebellion war stärker: Aus Trotz zog ich zwei Tage lang kein einziges mitgebrachtes Kleid an, sondern lief bewusst in meiner kurzen Hose über das Gelände. Da ich wusste, dass viele Anhänger dieser streng konservativen Glaubensrichtung das korrekte Christsein auch vom äußeren Erscheinungsbild abhängig machten, wollte ich das Statement setzen: „Ich bin eine wahre Christin, auch wenn ich eine Hose trage." Ich fühlte mich sofort in meinen Überzeugungen bestätigt, nachdem ich am dritten Tag mein Kleid anzogen hatte und die Familien mich nun tatsächlich freundlich anfingen zu grüßen, obwohl sie mich in den ersten zwei Tagen scheinbar ignoriert hatten. Nun hatte ich ihrem christlichen Erscheinungsbild entsprochen.

Zwei Tage später besuchten wir als Familie eine Wallfahrtskirche. Am Rande der Kirche saß ein dunkelhäutiger Mann mit abgetragener Kleidung, der seine Kopfbedeckung für eine kleine Gabe vor sich hielt. Aus dem Augenwinkel nahm ich ihn wahr und gab meinem Sohn einen kleinen Geldbetrag – so, als hätte ich mit diesem Geldbetrag meinem Dienst am Nächsten Genüge getan. Auf der Rückfahrt ging mir immer wieder der Gedanke durch den Kopf: „Du hast den Bettler noch nicht einmal angeschaut und den streng konservativen Christen im Familienhotel hast du noch nicht einmal eine faire Chance gegeben."

Voller Scham wurde mir klar, dass ich diesem „Bettler" tatsächlich weder Achtung noch aufrichtige Wertschätzung entgegengebracht hatte. Ich hatte lediglich meinen „religiösen Geist" befriedigt und ihm über meinen Sohn aus „Nächstenliebe" etwas Geld gegeben. Dieser Dienst hatte aber nichts mit Liebe zu tun gehabt. NICHTS. Ja, ich war keinen Deut besser als die Menschen von dieser christlichen Gemeinschaft, die von meinem äußeren Erscheinungsbild auf mein Herz schlossen. Nicht nur das: Ich selbst hatte mir aufgrund ihrer Kleidung ein Urteil über sie erlaubt und ihnen nicht zugestehen wollen, dass sie trotz ihres „religiösen Anstrichs" eine enge Herzensbeziehung mit Gott führen konnten. Nichts an mir war besser und liebevoller als an ihnen. Meine Liebe hatte stagniert, noch bevor sie in diesem Urlaub zu fließen beginnen konnte.

***

Paulus schreibt, dass all unsere Gaben, all unsere Mühen und freundlichen Gesten wertlos und nichtig sind, wenn sie nicht in Liebe geschehen (vgl. 1. Kor 13). Nichts hat wirklichen Wert und Bestand, wenn es nicht aus einem in Liebe zugewandten Herzen entsprungen ist.

Als Jesus am Kreuz den schmachvollen Tod eines Verbrechers starb, hat er den Neuen Bund in Kraft gesetzt, indem er abschließend in seinem Gehorsam die Essenz aller Gebote der Thora in einem zusammenfasste: „Du sollst den Herrn, deinen Gott, lieben von ganzem Herzen, mit ganzer Hingabe, mit all deiner Kraft und mit deinem ganzen Verstand. Und auch deinen Mitmenschen sollst du so lieben wie dich selbst" (Lukas 10,27).

Mit der Liebe, die an sich selbst, am Gegenüber und an Gott tätig wird, ist das Gesetz erfüllt (vgl. Gal 5,14; Röm 13,9–10). Die tätig werdende Liebe war eines der zentralen Themen der Verkündigung Jesu. In seiner Lebenshingabe am Kreuz hat er uns den ultimativen Beweis dafür gegeben, dass Liebe kein bloßes Lippenbekenntnis sein kann.

Wenn im Neuen Testament von Gottes aufopfernder und hingebungsvoller Liebe gesprochen wird, so ist im Urtext fast immer von der „Agape"-Liebe die Rede. Im Griechischen gibt es daneben noch die erotische „Eros"-Liebe und die freundschaftliche „Philia"-Liebe. Alle drei Arten der Liebe haben einen positiven und wertvollen Charakter.

Die „Philia"-Liebe, die unter Freunden, Gemeindemitgliedern, Familienmitgliedern und Ehepartnern ausgelebt wird, hat aber auch ihre Grenzen. Sobald sie mit Enttäuschungen, Verletzungen oder Betrug konfrontiert wird, kann sie schnell vergehen und aus einer innigen Freundschaft kann eine offen ausgetragene Feindschaft werden.

Allein die göttliche „Agape"-Liebe, die uns in 1. Korinther 13 beschrieben wird, kann Feinde wieder an einen Tisch bringen,

Verletzungen ausheilen lassen, Schuld vergeben und Hass wieder in Liebe verwandeln. Dreh- und Angelpunkt der Verkündigung Jesu war genau diese hingebungsvolle und auf Versöhnung abzielende „Agape"-Liebe (Joh 13,34–35). Jesus wusste, dass für uns Menschen mehrheitlich die Philia- und die Eros-Liebe im Zentrum unserer zwischenmenschlichen Interaktionen stehen beziehungsweise dass wir aus uns selbst heraus gar nicht zu dieser völlig selbstlosen Form der Liebe fähig sind. Aber er zeigte seinen Jüngern in der Nachfolge die vollkommene, göttliche Liebe, die er auf Erden repräsentierte (vgl. Mt 5,43–44) – und zu der er uns Menschen durch seinen Heiligen Geist auch befähigen wollte.

Er gab seinen Jüngern die Möglichkeit, hautnah mitzuerleben, was diese hingebungsvolle Agape-Liebe wirklich bedeutet. Er lebte uns diese Liebe vor bis in den Tod, um uns folgende Wahrheit ins Herz schreiben zu können: „Gott liebt dich mit dieser göttlichen Agape-Liebe, die weder Grenzen noch Bedingungen kennt. Du bist Gottes ganze Liebe wert. Du bist ihm MEIN LEBEN wert. Das beweise ich dir mit meinem Tod. Du sollst von meiner Liebe ganz umgeben und gehalten sein. Nicht, weil du es dir verdient hast oder weil du so gut bist, liebe ich dich, sondern allein, weil ich so gut bin und mich dazu entschieden habe, dich in mein Herz zu schließen und nicht mehr aus meiner Liebe gehen zu lassen – egal, wie unvollkommen du gerade auch noch bist."

Es ist keine Demut, sondern versteckter Stolz, dieses Geschenk der bedingungslosen Liebe auszuschlagen und sich stattdessen die Liebe Gottes durch Gehorsam und Werkgerechtigkeit verdienen zu wollen. Ja, es ist an der Zeit, dass unser Herz begreift, dass Gott uns nicht liebt, weil wir gut sind, sondern weil ER gut ist. Gott mit Bibellesen, Gebeten und Gehorsam beeindrucken zu wollen, ist selbstgerechter Stolz. Gottes „Agape"-Liebe und Gnade jedoch einfach ohne eine Gegenleistung anzunehmen und in ihr aufzublühen, das ist wahre Demut. In dem Wissen meiner Fehlerhaftigkeit fröhlich und frei in Gottes Gegenwart zu tanzen, das ist Demut. Mich immerzu am Herzen Gottes aufzuhalten und Gott ganz in mein Herz hineinzulassen, das ist die Demut, die Gott liebt.

Johannes schreibt in 1. Johannes 4,16 (Ergänz. d. Verf.): „Wer in der [Agape-]Liebe bleibt, der bleibt in Gott und Gott in ihm." Wir gehen oft davon aus, dass die Liebe, von der Jesus spricht, die Liebe ist, die wir bereits unser Leben lang praktizieren. Der Eindruck mag schnell entstehen, weil wir im Deutschen für „Liebe" nur einen einzigen Begriff haben. Doch wir werden nur mit der menschlichen, an Freundschaft orientierten „Philia"-Liebe geboren. Daher versuchen wir, aus eben dieser Liebe heraus Gottes Auftrag zu erfüllen und uns, unser Gegenüber und auch Gott so zu lieben, wie er es sich wünscht. Wir bemühen uns, aus unserer eigenen Kraft heraus zu lieben und scheitern so manches Mal mit Streit und verletztem Stolz.

***

Wenn ich mich allein in meinem näheren Umfeld umschaue, erschreckt es mich, wie viel Unfrieden in meiner Nachbarschaft, in meinem Freundeskreis, meiner Gemeinde und sogar in meiner Familie herrscht. Und dieser Unfriede macht vor der Christenheit nicht halt. Ganze Familien sprechen nicht mehr miteinander. Manche Christen könnten detailliert auflisten, wer was über all die Jahre gesagt oder getan hat. Großeltern dürfen ihre Enkelkinder nicht sehen, aus Gründen, die oftmals nie geklärt wurden. Großfamilien können einen Geburtstag nicht mehr zusammen feiern, weil sich die Schwiegertöchter nicht verstehen. Zu Weihnachten werden verschiedene Termine ausgemacht, um aufgeteilt in Frieden feiern zu können – und jeder hat seine passende Ausrede, warum er selbst im Recht ist.

Es ist wirklich erschreckend, welche zwischenmenschliche Kriege verletzter Stolz auslösen kann. Gerade wir Christen haben doch die Freiheit und Möglichkeit, Hass nicht mit gleicher Münze zurückzuzahlen. Es ist keine Frage, dass Streit uns stresst und uns sogar krank macht. Es ist eine Tatsache. So ist es allgemein bekannt, dass Wut, Hass und Verbitterung den Nährboden für viele schlimme Krankheiten bilden.

Immer, wenn ich mit irgendjemand in meiner Umgebung in Unfrieden lebe, kann ich mich nicht mehr richtig auf meinen Alltag konzentrieren. Meine Gedanken wandern immer wieder zu der Person und die negativen Gefühle sind kaum zu bremsen. Wir finden immer wieder Gründe, im Streit zu leben und diesen zu rechtfertigen.

Es kann sein, dass dein Arbeitgeber den Chef raushängen und dich ständig spüren lässt, dass du nur eine Angestellte bist. Es kann sein, dass deine Schwiegermutter dich mit verletzenden Sticheleien bewusst provozieren möchte. Es ist möglich, dass deine angebliche Freundin hinter deinem Rücken fiese Dinge über dich erzählt oder du beim letzten Elternabend nicht für voll genommen wurdest. Es kann sogar sein, dass du tatsächlich voll und ganz im Recht bist.

Und doch bringt all das nur dein Blut in Wallung, raubt dir Energie und zieht deine ganze Aufmerksamkeit auf das miese Gefühl, weniger wert oder verletzt worden zu sein. Und ehe man sichs versieht, ist aus Schmerz Verachtung geworden. Unsere menschliche Liebe ist an eine Grenze gestoßen, die wir aus eigener Kraft nicht überwinden können. Gott war das jedoch von Anfang an bewusst. Er wusste: Die Menschen werden es von sich aus nicht schaffen, sich bedingungslos zu lieben. Ihr Hass wird immer wieder siegen und es werden kleine und große Kriege entstehen und sie selbst und ihre Umgebung vergiften. Aufgrund dieses Wissens entschied Gott, uns in unserer Schwachheit aufzuhelfen. Darüber ist sich auch Paulus bewusst, wenn er schreibt: „Die Liebe Gottes ist ausgegossen in unser Herz durch den Heiligen Geist" (Röm 5,5; LU).

Gott ist durch und durch Liebe. Sein Wesen besteht aus Liebe. Egal, was für ein egoistischer und fieser Mensch du manchmal sein kannst – Gott schaut dich an und sieht den verletzten Kern in dir. Sein Blick ist immer voller Zuneigung und reiner Liebe. Und genau diese göttliche Liebe hat er über dich beziehungsweise in dich hineingegossen, wenn du ihm sein Herz geöffnet hast. Er hat damit nicht gespart. Er hat sie einfach auf dich und in dich hineingegossen. Diese Liebe ist in solchen Mengen in dir vorhanden, dass auch du damit nicht geizen brauchst. Liebe, was das Zeug hält!

„Ich gebe euch jetzt ein neues Gebot: Liebt einander [mit der Agape-Liebe]! So wie ich euch geliebt habe, so sollt ihr euch auch untereinander lieben. An eurer Liebe zueinander wird jeder erkennen, dass ihr meine Jünger seid" (Joh 13,34; Ergänz. d. Verf.).

Warum ist Gott Liebe so wichtig? Warum fordert Jesus uns immer und immer wieder dazu auf zu lieben und zu vergeben? Ich glaube, weil ihm bewusst war, dass ohne Liebe ein erfülltes Leben nicht möglich ist. Allein die Liebe ist der Schlüssel zu Freude, Frieden und Segen in unserem Leben. Liebe schützt dich, stärkt dein Immunsystem und gibt deinem Leben die richtige Balance. Es ist allein die göttliche Liebe, die dir den Frieden bringt, den kein anderer dir geben kann. Es ist eine Liebe, die sich nicht erschöpft und die auch dich nicht erschöpft, weil du versucht, dir die Anerkennung zu erarbeiten. Du bist hineingenommen in den göttlichen Kreislauf der Liebe. Und der erschöpft nicht, sondern beflügelt dich.

7.2 Die blockierte Liebe

Die Liebe Gottes *ist* bereits in uns ausgegossen. Doch so manches Mal wissen wir nicht, wie wir von dieser Liebe zehren und Gebrauch machen sollen. Irgendetwas scheint unsere Möglichkeit, aus dieser Liebe vollends zu schöpfen, zu blockieren.

In vielen Fällen ist es unsere eigene mangelnde Vergebungsbereitschaft und unsere Bitterkeit, die den Heiligen Geist daran hindert, die göttliche Liebe einfach fließen zu lassen. Vielleicht neigen wir manchmal dazu, dem schlechten Beispiel des „Schalksknechts" (vgl. Mt 18,21–35) zu folgen, der trotz eines sehr großzügigen Schuldenerlasses und Gnadenerweises seines Herrn sich nicht dazu überwinden wollte, die kleinen Fehltritte (Schulden) seines Bruders zu vergeben. Sein Ziel, den an ihm schuldig gewordenen Bruder zu bestrafen und ihn dadurch ins Gefängnis zu bringen, brachte ihn schließlich selbst in die Gefangenschaft. Mangelnde Vergebung, Stolz und Sturheit können uns leicht verbittern und vieles in unserem Leben eingehen lassen.

Haben wir denn das Recht, manchmal stinksauer und verletzt zu sein? Ja, vielleicht. Aber jeder hat die Wahl zu entscheiden, ob er von seinem Recht Gebrauch machen möchte oder ob er sich für die Liebe und unverdiente Gnade entscheidet, die ihm selbst entgegengebracht wurde.

Manche Menschen können zu Recht sagen: „Wenn du wüsstest, was diese Person mir angetan hat ..." Weder ich noch du können das Leid, das dir angetan wurde, ungeschehen machen. Aber eines weiß ich mit Sicherheit: Dieser Stachel, der sich tief in dich hineingebohrt hat, lässt dich nur verbittern. Die Wut macht nichts rückgängig – im Gegenteil: Sie lässt den Schmerz über das Erlebte immer wieder neu aufleben. Die eigentliche Last trägst du, nicht die andere Person. Die Wut und der Hass erschweren dein (geistliches) Atmen und halten allein dich gefangen.

Als Nelson Mandela nach 27 Jahren Gefängnis, in denen er schlimmste Erniedrigungen ertragen musste, endlich freikam, wurde er gefragt, warum er nicht voll von Bitterkeit und Rachegelüsten sei. Mandela antwortete: „Verbitterung ist wie Gift trinken und erwarten, dass dein Feind davon stirbt." Die weißen Überheblichkeitsfanatiker hätten ihm alles genommen, führte Mandela gegenüber seinem Freund Bill Clinton weiter aus: „Die besten Jahre meines Lebens, meine Frau und meine Kinder. Das Einzige, was sie mir nicht nehmen konnten, waren mein Verstand und mein Herz. Hätte ich ihnen nicht vergeben, dann hätten sie auch das bekommen."[7]

Schon kleinere Streitigkeiten zwischen Freunden und Familienangehörigen können mit Banalitäten beginnen und in so manchem Krieg enden. Und manche Kriege werden jahrelang geführt und kosten unglaublich viel Nerven und Kraft. Frieden und innere Freiheit scheinen in weite Ferne zu rücken. Jesus fordert uns jedoch immer wieder dazu auf, zu vergeben und Frieden zu schließen. „Euer Vater im Himmel wird euch vergeben, wenn ihr den Menschen vergebt, die euch Unrecht getan haben" (Mt 6,14).

Dein Schritt hin zur Vergebung bricht die Ketten der Bitterkeit in dir und öffnet der Liebe Gottes die Tür. Und noch etwas passiert: Du wirst merken, wie du wieder viel mehr freie seelische Kapazitäten bekommst, wenn du den kräftezehrenden Konflikt endlich losgelassen hast! Ich möchte dich deshalb ermutigen, deine eigenen kleinen Kriege vor Gottes Thron zu bringen. Die negativen Gedanken und Gefühle in dir werden zwar nicht auf Knopfdruck verschwinden – du wurdest schließlich verletzt, verraten oder gedemütigt –, aber sei dir immer gewiss: Gott steht hinter dir. Er hat jedes einzelne Wort gehört, er hat gesehen, wie mit dir umgegangen wurde. Und jetzt legt er seine liebenden Arme um dich und sagt: „Es tut mir so leid, dass du verletzt wurdest, aber glaube all den negativen Worten nicht. Schenke ihnen keinen Nährboden. Blicke zu mir. Vergifte dich nicht selbst mit Bitterkeit und Hass. Ich habe dir all meine Liebe gegeben, und jetzt darfst du die Entscheidung treffen, diese Person nicht zu hassen, sondern ihr zu vergeben und sie zu lieben."

Diese Entscheidung kannst nur du treffen. Du musst bei Weitem

7 Johannes Dietrichs: Nachruf auf Nelson Mandela. Ein Pazifist war Mandela nie. Stuttgarter-zeitung.de. 06.12.2013: https://www.stuttgarter-zeitung.de/inhalt.nachruf-auf-nelson-mandela-der-mann-des-jahrhunderts-page1.bb7b8e20–1965–4e6b-b3e6-cc15c64e90d9.html [zuletzt aufgerufen am 09.03.21].

nicht alles gutheißen. Denn eine Person zu lieben bedeutet nicht, all ihre Taten gutzuheißen und zu rechtfertigen. Jesus sagt: „Liebt eure Feinde und betet für die, die euch verfolgen" (Mt 5,44). Gott gab uns nicht den Auftrag, unsere Feinde zu entschuldigen und ihr Tun zu rechtfertigen. Allein um unserer selbst und unserer inneren Freiheit willen gab Gott uns diesen Auftrag. Das Handeln unserer Feinde zu richten, ist seine Aufgabe. Konzentriere du dich auf dein Herz. Du wirst sehen: Jedes Mal, wenn du dich dafür entscheidest, nicht zu hassen, sondern zu vergeben, setzt sich der ausgegossene Liebesstrom in dir in Bewegung.

Gib all deinen Kummer, deinen Schmerz und die unsagbare Wut in dir an Gott ab. Es kann dich sowieso keiner besser trösten als er. Und es steht uns nicht zu, Vergeltung zu üben, indem wir das an uns begangene Unrecht mit gleicher Münze zurückzahlen. Es steht uns nicht zu! Lass dir stattdessen von Gott Recht schaffen (vgl. Röm 12,19). Er wird sich auf seine Weise um den anderen kümmern. Und Gott allein weiß, welcher Schmerz und welches Problem die Person dazu gebracht haben, dich zu verletzen. Meistens liegt die Ursache für verletzendes Verhalten nämlich viel tiefer, als wir ahnen. Deshalb gib all deinen emotionalen Ballast an Gott ab und lass ihn sich darum kümmern. Und wenn du dich schon bereit dafür fühlst, dann sprich ein kurzes, lautes Gebet für die Person, die dich verletzt hat. Segne sie und wünsche ihr bewusst Gutes. Es braucht nicht viele Worte.

Jedes Mal, wenn wieder negative Gefühle in dir hochkochen wollen, dann entscheide dich wieder zu vergeben, wieder und wieder. Und wenn du an den Punkt kommst, an dem zu sagst: „Gott, ich schaff es einfach nicht zu vergeben. Die Verletzung sitzt zu tief", wird Gott dir antworten: „Nein, du kannst das auch nicht aus dir heraus, aber gemeinsam schaffen wir es, dich von der Last, die du trägst, zu befreien." Und wenn dir die Worte fehlen, dann sprich einfach: „Bitte, Gott, nimm dich dieser Person in deiner Liebe an und tue ihr Gutes." Und du wirst sehen, dass es dir von Woche zu Woche leichterfällt. Irgendwann kannst du sie wieder in Liebe betrachten und ohne Bitterkeit mit ihr reden. Aber nicht, weil du sie durch deine eigene Kraftanstrengung liebst, sondern weil die Liebe Gottes in dir Raum genommen hat.

***

Manchmal trage ich einen Streit über Wochen mit mir herum. Obwohl ich im Gebet der Person bereits verziehen habe und sie wirklich lieben *möchte*, kochen meine negativen Gefühle weiter. In solchen emotionalen Momenten weiß ich, dass mein Herz vergessen hat, wie groß und uneingeschränkt Gottes Liebe zu mir ist. Dann hilft es mir, wenn ich mich zurückziehe und für einen Moment meine Augen schließe. Ich erinnere mein Herz daran, was es heißt, geliebt zu werden. Ich spreche in meinem Herzen: „Vater, du liebst mich ohne Bedingungen und Grenzen. So unvollkommen wie ich auch bin, darf ich hier vor deinem Thron sitzen. Für dich bin ich die wichtigste Person im Raum [was für jeden Menschen gilt]. Du stehst hinter mir, egal was ich mache.

Und nun denke ich an diese Person, die mich so verletzt hat, und obwohl ich so wütend bin und meine Emotionen fast mit mir durchgehen, weiß ich, dass du sie mit derselben Liebe betrachtest wie mich. Du siehst hinter ihrem verletzenden Verhalten ihr verletztes Herz. Ich möchte mich entscheiden, diese Person zu lieben, ohne etwas von ihr zu fordern, denn du forderst auch von mir nichts. Ich entscheide mich, dieser Person Gutes zu wünschen. Schenke ihr Zufriedenheit, ein in sich ruhendes Herz und innige Freundschaften!"

Nach diesem Gebet verbiete ich mir selbst, noch irgendetwas Negatives über diese Person zu sagen – was mir wirklich sehr schwerfällt und doch so viel bringt, da ich oft schon nach kurzer Zeit merke, dass ich mich wieder leicht und frei fühle. Manchmal dauert es aber auch länger, und ich merke, ich bin noch nicht so weit. Dann setzte ich mich hin und schreibe der Person einen ehrlichen Brief mit allen Selbstrechtfertigungen und Vorwürfen. Schließlich beende ich den Brief mit einem kurzen Segen.

Jedes Mal fällt mir dabei die gesamte Last ab. Als hätte ich die Wut in mir einfach herausgeschrieben. Den Brief entsorge ich dann im Müll, weil ich merke, dass es okay ist, wie es gerade ist. Das Niederschreiben hilft mir, mich mit der vorgefallenen Situation abzufinden und sie stehen zu lassen. Und nach diesem Schritt verspüre ich oft tiefe Vergebung. Vielleicht glaubst du, kein Schreibtyp zu sein, doch ich möchte dich ermutigen, es einfach auszuprobieren. Es könnte dir mehr helfen, als du vielleicht denkst.

Du hast die göttliche „Agape"-Liebe in dir. Setze sie frei, und du wirst eine Leichtigkeit und einen Frieden in dir erleben, wie du sie noch nie erlebt hast!

7.3 Die Selbstliebe

Es scheint, als würden viele Frauen ein Problem damit haben, sich selbst zu lieben und wertzuschätzen. Über Jahre hinweg habe ich versucht, die Bedürfnisse meiner Mitmenschen über meine eigenen zu stellen, ihnen mehr Liebe angedeihen zu lassen, als ich sie für mich selbst aufbringen konnte. Ich gab das letzte Stück, den letzten Platz, die letzte Hoffnung stets demütig meinem Nächsten. Aber nicht, weil wahre Liebe mein Handeln bestimmte, sondern allein aus meiner Überzeugung heraus, dass ich weniger wert sei. Obwohl es in Wahrheit ein Minderwertigkeitskomplex war. Und dieses falsch motivierte Aufopfern für andere beflügelte mich nicht, sondern ermüdete mich, weil ich meinen Selbstwert durch das ständige Zurücknehmen immer mehr schwächte. Erst nach meinem Zusammenbruch wurde mir bewusst: Wie kann ich dem Auftrag Jesu gerecht werden, meinen Nächsten wie mich selbst zu lieben (vgl. Lk

10,27), wenn ich mich selbst nicht für liebenswert halte und meinen eigenen Wert nicht erkenne?

Ich musste erst einen langen Weg hin zu einer gesunden Selbstwahrnehmung beschreiten, bis ich mir zugestehen konnte, dass mein Appetit zu Tisch, meine Vorlieben im Urlaub und meine Meinung im Gespräch genau den gleichen Wert und die gleiche Stellung haben wie die meiner Familienmitglieder und Freunde. Ja, ich musste erst in Gott meinen eigenen Wert entdecken, um Gottes Liebe für mich anzunehmen und mich selbst und damit meinen Nächsten wirklich lieben zu können.

***

Wenn du deinen eigenen Wert erst mal erkannt hast und dein Herz nicht mehr daran zweifelt, wie wertvoll und wichtig du in Gottes Augen bist, dann kannst du auch aus Liebe auf den letzten Leckerbissen, auf das Beharren auf deiner Meinung oder auf dein Wunschziel im Urlaub verzichten. Oder aber du kannst gerade aus diesem Wissen um deinen Wert heraus tatsächlich einmal den letzten Leckerbissen vom Teller nehmen, darum bitten, dass ihr im Urlaub auch einmal dir zuliebe einen Strandtag einlegt, oder deine eigene Meinung zu einem Thema haben, ohne gleich ein schlechtes Gewissen zu bekommen.

Aus der Erkenntnis deines Selbstwertes und der daraus resultierenden Liebe zu dir wirst du in jeglicher Hinsicht frei, anderen gegenüber mit Liebe zu agieren – aber eben auch dir selbst gegenüber. Ich glaube, dass es vielen Frauen nicht nur schwerfällt, sich selbst zu lieben, sondern auch, sich selbst zu vergeben. Ich merke es an mir, dass ich oft viel schneller bereit dazu bin, meinem Gegenüber zu vergeben als mir selbst. Schon die kleinste falsche Entscheidung im Alltag hat mich früher stundenlang umgetrieben und ließ mir keine Ruhe.

Ich lernte Frauen kennen, die an ihren eigenen Schuldgefühlen über Jahre festhielten – als wäre es ein Zeichen von Demut. Als würden sie Gott damit beweisen wollen, dass sie sich ja schon selbst für ihre Fehler bestraft haben und Gott dies nicht mehr erledigen müsste (was er ohnehin nicht tut). Oder als würden sie ihm damit ausdrücken wollen: „Ich weiß, dass ich Mist gebaut habe, aber wenigstens fühle ich mich jetzt auch richtig schlecht und mache es damit wieder gut." Das Festhalten an der eigenen Schuld hat jedoch ganz und gar nichts Demütiges und Christliches an sich. Vielmehr ist es ein in falsche Demut gekleidetes Zeugnis unseres Misstrauens gegenüber Gott.

An Schuldgefühlen festzuhalten, lässt uns verbittern und raubt uns die Lebensfreude und Kraft, die wir brauchen, um unseren Alltag zu meistern und unser Leben zu genießen. Wir müssen lernen, gnädig mit uns selbst zu sein, und auch uns selbst erlauben, die Gnade zu empfangen, die Gott für jeden Menschen bereithält. Solltest du jemand sein, der noch viele Schuldgefühle mit sich herumschleppt, versteckt oder offen, dann halte am besten gleich jetzt inne und gib diese Last endlich Gott ab. Er hat dir schon längst vergeben und möchte mit deiner inneren Heilung beginnen. Gott ist voller Gnade. Tauche in seine Liebe ein und verbringe Zeit vor seinem Gnadenthron. Lass seine Liebe über dich fließen und erhebe dich wieder als freigesprochene, unendlich geliebte Tochter Gottes.

7.4 Die aktive Liebe

Wir verbinden mit dem Wort „Liebe" oft einen Moment der aktiven Zuwendung zu oder von einer anderen Person. Denn nur an den Taten erkennen wir, ob die „Liebe" nicht bloß ein Lippenbekenntnis ist. Das ist bei Gott nicht anders als in unseren zwischenmenschlichen Beziehungen. Hätte Gott nur von Liebe geredet, ohne Taten folgen zu lassen, so wären wir heute weder gerettet noch gesegnet.

Wahre Liebe kann sich nicht nur mit Worten begnügen, sondern will auch in Taten ausgedrückt werden. Wenn wir uns entscheiden, ein Leben in Liebe zu führen, dann sollte das auch an unseren Taten zu erkennen sein! Wir können gerne einem Obdachlosen eine warme Nacht und ein gutes Essen wünschen. Das sind lieb gemeinte Worte, aber ohne Taten – oder in dem Fall konkrete Hilfe – bleibt die Liebe leer.

Wenn ich eine schwierige Arbeitskollegin habe, so versuche ich, mich bewusst dafür zu entscheiden, nicht nur das negative Reden über sie sein zu lassen, sondern ich suche auch bewusst nach Möglichkeiten, ihr etwas Gutes zu tun. Wenn ich jemanden aus einer anderen Glaubensgemeinschaft treffe, dann will ich mir nicht mehr anmaßen, über sein Herz zu richten, sondern lasse ihn und seine anderen Überzeugungen in Liebe stehen. Wenn ich mit jemandem Streit habe, versuche ich, dieser Person nicht aus dem Weg zu gehen, sondern überlege mir, was ich zum Frieden zwischen uns beitragen kann.

Ich möchte jeden Menschen dazu ermutigen, den ersten Schritt auf den anderen zuzugehen. Ist es ein Anruf, der eigentlich keinen Aufschub mehr zulässt, oder vielleicht der seit Langem überfällige versöhnliche Gruß über den Gartenzaun? Es wäre schade, wenn du dir den Segen der Vergebung raubst, nur, weil dir der Hass auf die Person schon so vertraut vorkommt. Jeder Streit verliert seine Macht, wenn du dich für das Wirken der Liebe entscheidest. Lass die Liebe fließen – über jede Grenze hinweg. Denn Liebe kennt keine Grenzen, nur den Weg darüber.

7.5. Die schützende Liebe

Immer noch mache ich meinen Selbstwert viel zu oft von anderen Menschen abhängig. Jedes Lob und jede noch so kleine Kritik lasse ich dann über meinen Wert entscheiden. Die Meinung anderer Menschen sollte jedoch niemals über dem stehen, was Gott über uns sagt und in uns sieht. Denn in Gottes Augen haben wir einen unerschütterlichen, königlichen Wert, den uns keiner nehmen kann – außer wir lassen es selbst zu.

Als ich angefangen habe, mich intensiver mit diesem Thema zu beschäftigen, bemerkte ich, dass mich Kritik besonders hart traf. Mein Herz war von Bemerkungen anderer Menschen so schnell und so tief verletzt, dass ich immer lange brauchte, um mich wieder mit Gottes Zusagen aufzubauen. Seitdem stelle ich mir in schwierigen Situationen oder in der Gegenwart notorisch negativer Personen immer vor, wie Jesus selbst hinter mir steht, seine Hände schützend auf meine Schultern legt, und wie sein liebender Blick, der Stolz auf mich ausdrückt, auf mir ruht.

Dieses innere Bild habe ich mir zu Hause gut einzuprägen versucht. Besonders den liebenden und stolzen Blick, der auf mir ruht, habe ich mir ins Herz gebrannt. Denn ich bin ein Königskind. Und genau so überaus wohl darf ich mich fühlen! Ich darf mit erhobenem Haupt meinen Alltag meistern. Mit diesem Bild innerlich zugerüstet, gehe ich heute in schwierige Gespräche oder in jegliche Situationen hinein, die mir Angst machen. Und wenn ich trotzdem verletzt aus einem Gespräch herauskomme, lasse ich es nicht mehr zu, dass ich mich selbst noch zusätzlich herunterziehe. Stattdessen spreche ich mir Gottes wohlwollende und aufbauende Worte zu – so, als ob Jesus selbst sie direkt zu mir sagen würde. Mittlerweile gab es tatsächlich schon Situationen, in denen mich Menschen verletzt haben und ich darüber nur schmunzeln konnte. Einfach, weil ich nun um meinen wahren Wert weiß.

Es lohnt sich immer, in Gottes Liebe einzutauchen und sie tief im Herzen zu verankern, indem ich mir immer wieder bewusst mache: Ich bin ein Königskind und ich möchte mich auch so fühlen dürfen!

Auch du bist ein Königskind. Und je mehr Zeit du am Herzen Gottes verbringst, desto wertvoller, geliebter, freier und stärker wirst du dich fühlen. Ich kann es nicht oft genug sagen: Niemand bleibt am Herzen Gottes unverändert. Du hast das Vorrecht, eine Quelle der göttlichen Liebe in dir zu haben. Aus dieser Liebe heraus kannst du vergeben, wo Hass herrscht, Frieden stiften, wo Kriege toben, und gestärkt und aufrecht als Königstochter deinen Weg gehen.

Lass dich nicht von anderen in Ihre Stürme ziehen!
Ziehe sie in deinen Frieden!
– Unbekannt –

7.6 Die vergebende Liebe – auch mit einem geschundenen Herzen

Vielleicht liegt dein Problem nicht nur bei deinem streitlustigen Nachbarn, sondern viel tiefer. Schon in frühester Kindheit begann man, dein Herz zu verletzen und dich deiner Kindheit zu berauben. Damit würdest du nicht allein sein; es ist erschreckend, wie viel zwischenmenschliche Leiderfahrungen es im frühen Kindesalter allein in einem so aufgeklärten Land wie Deutschland gibt. So vieles kann eine Kindheit überschatten: Alkoholsucht eines Elternteils, Vernachlässigung, religiöser oder sexueller Missbrauch, Jähzorn- und Gewaltausbrüche sind nur einige Beispiele.

Besonders erschreckend finde ich es, dass jedes vierte (!) Mädchen in unserem Land schon sexuell missbraucht wurde – und davon sind die „geschützten" christlichen Gemeindekinder bei Weitem nicht ausgeschlossen, ganz im Gegenteil.[8] Während einige eher distanziert und kühl erzogen werden und nicht einmal die Worte „Ich habe dich lieb" von ihren Eltern hören, müssen sich andere Kinder jahrelang anhören, wie wertlos, schuldig und unerwünscht sie doch seien.

---

8 Nicolai Franz: Wenn Sicherheit trügerisch ist. Eine Rezension. Pro-medienmagazin.de. 07.12.2017: http://www.missbrauch-opfer.info/main.asp?IDS=37 und https://www.pro-medienmagazin.de/kultur/buecher/2017/12/07/wenn-sicherheit-truegerisch-ist [zuletzt aufgerufen am 09.03.21].

Manchmal ist es auch das wortgewandte Oberhaupt der Familie, das immer das letzte Wort behält und Freude daran zu haben scheint, die Selbstachtung des Kindes mit Füßen zu treten. Die Liste an zerstörerischen Kindheitserfahrungen könnte ewig fortgesetzt werden. Jedes dieser Kinder wird zu einem Erwachsenen, der lernen muss, mit dieser Bürde umzugehen. Die einen meistern es recht gut, andere verdrängen es jahrelang und versuchen, so gut es geht zu überleben, und wieder andere sind daran zerbrochen. Und wem könnte man das verübeln?

***

In meinen ersten Therapieerfahrungen musste ich irgendwann die Entscheidung treffen: Möchte ich all den Schmerz und die Wunden, die noch in mir klaffen, anschauen oder gehe ich wieder einen Schritt zurück und verschließe meine Erinnerungen erneut in der Schachtel mit der Überschrift „Nicht so schlimm"? Ich entschied mich für den langen, schmerzhaften Weg und ging ihn tapfer über zehn Jahre. Ich ging durch Wut, Hass und Verurteilung. Zwischenzeitlich habe ich sowohl Männer als auch strenggläubige Gemeinden zutiefst verachtet und abgelehnt.

Nachforschungen, die ich in dieser Zeit anstellte, hatten mir gezeigt, dass Kinder in streng konservativen Gemeinden weit häufiger Opfer von Missbrauch wurden als in Gemeinden mit freieren Strukturen und lockeren Verhaltensregeln.[9] Die Erziehung zum absoluten Gehorsam gegenüber Erwachsenen und die Tabuisierung von Themen der Sexualität machen es den Tätern in solchen Kreisen offensichtlich besonders leicht.

Hinzu kommt, dass dort ein gutes, christliches Verhalten der Kinder angestrebt wird, das von Disziplin und Gottesfurcht zeugt. Die

---

9 Ebd.

Gemeindemitglieder und Eltern vertreten die Überzeugung, dass es richtig ist, die Kinder so früh wie möglich (wenn nötig mit Gewaltanwendung) zu disziplinieren, um etwaigen Ungehorsam schneller in den Griff zu bekommen. Man hat als Kind einem Erwachsenen nicht zu widersprechen, man hat sich einem Erwachsenen nicht zu widersetzen und man hat dessen Wünsche immer zu befolgen.

Das Kind lernt, dass ihm die elterliche Liebe (auf die es ja angewiesen ist) radikal entzogen werden kann, wenn es wagt, sich eigenständig zu entwickeln und dabei nicht den Erwartungen der Glaubensgemeinschaft zu entsprechen. Das Fatale an dieser Erziehungsform, die sich auf die Bibel und damit auf Jesus beruft, ist, dass genau dieser Jesus die Liebe in Person war und ist. Er repräsentierte Gott auf Erden und tat es mit einer unfassbaren Geduld, Gelassenheit, Vergebungsbereitschaft, mit tiefem Mitgefühl, Verständnis und vor allem bedingungsloser Liebe. Er hat JEDEN Menschen gewürdigt, liebevoll behandelt und vor allem die Individualität einer Person stets geachtet.

Wenn in Gemeinden Gehorsam über die Liebe gestellt wird, ziehen sie dort keine freien, glücklichen, autonomen und selbstbewussten Kinder Gottes groß, die sich geliebt wissen, sondern oftmals gebrochene Menschen, die ihre wahre Persönlichkeit nie finden durften. Diese Kinder wurden so gut wie nie darin unterstützt, sich ihre eigene Meinung zu bilden, auch Autoritätspersonen einmal zu hinterfragen und klare Grenzen zu setzen. Wie sollen diese Kinder zu gefestigten, selbstbewussten Persönlichkeiten werden und im Teenageralter einem Sexualtäter uneingeschüchtert gegenübertreten und ihm eine klare Grenze setzen? Vor allem dann, wenn sie durch die Tabuisierung des Themas oftmals gar keine Worte für das finden können, was da mit ihnen passiert?

Beinahe jedes Kind, das in diesem streng gläubigen Milieu aufwächst, verbindet Sexualität mit etwas Verpöntem, Sündigem und prinzipiell Schlechtem, das es lieber zu verheimlichen gilt. Wenn nun ein Kind von sexuellen Übergriffen betroffen ist, dann hat es weder einen Ansprechpartner noch Worte für etwas, das es weder zu verstehen, geschweige denn zu formulieren gelernt hat. Schließlich wurde ihm schon früh unmissverständlich klargemacht: „Darüber reden wir nicht." Also schweigen die Betroffenen oftmals ihr Leben lang.

Die Dimension dieser Problematik ist erschreckend, vor allem in Anbetracht der hohen Dunkelziffer an Betroffenen. Ganz gleich, ob die Missbrauchsopfer den Mut aufbringen könnten zu reden – die Belastung, nicht aus Gemeindestrukturen ausbrechen und damit auch dem Peiniger in den eigenen Reihen der Gemeinde nicht entkommen zu können, ist zu erdrückend und lässt sie deshalb weiterhin in den meisten Fällen weiterschweigen.

* * *

Als ich begann zu begreifen, dass ich mein Schicksal mit vielen anderen Frauen teilte, schrie mein Herz auf vor Schmerz über diese abscheuliche große Ungerechtigkeit. Wie kann Gott so etwas zulassen – in seiner Gemeinde? Wie können Männer in gemeindeleitender Position andere Gemeindemitglieder für ihre öffentlich wahrnehmbaren Fehltritte verurteilen und aus der Gemeinde ausschließen, während sich andere Gemeindemitglieder – oder am besten noch sie selbst – im Verborgenen unter der Decke an Kindern vergreifen und ihren Dienst in der Gemeinde weiter verrichten dürfen? Warum gibt es überhaupt so viele Männer, die Sexualität in etwas so Finsteres und Zerstörerisches verkehren?

Wieso greift Gott so selten ein, wenn Kinder missbraucht und geschändet werden? Es wäre ihm doch ein Leichtes. Fragen über Fragen kreisten in meinem Kopf und trübten meinen Blick auf einen guten Gott. Ich musste meine ganze Religion über Bord werfen, um Gott neu zu finden. Heute weiß ich, dass Gott die ganze Zeit über neben mir stand und die ganze Wut und Ablehnung mit einem „Es ist okay. Wüte und weine, schreie und hasse! Ich bin da" ertrug, auch wenn er mir keine Antwort auf mein Warum gab. Er führte mich weiter, wo ich keinen Weg mehr sah, und ließ mich nach langen Jahren endlich an seinem Herzen ankommen. Heute bin ich frei, zu lieben, zu vergeben und meinen Nächsten so anzunehmen, wie er ist.

* * *

Kannst du, die du dieses Buch gerade in deinen Händen hältst, die Erfahrung einer zutiefst verletzten Seele teilen? Wenn etwas über Jahre dein Herz attackiert hat, dann ist es häufig nicht mit einem Gebet getan. Die Verletzungen haben große Kreise im Leben gezogen. Die immer wieder aufklaffenden Wunden beeinträchtigen viele Lebensentscheidungen und -bereiche. Das ganze Leben ist davon gezeichnet.

Solltest du noch all den Schmerz in dir tragen, dann halte kurz inne. Habe den Mut, dir Zeit zum Heilen zu nehmen. Vielleicht ist es dran, endlich einen Seelsorger oder Therapeuten aufzusuchen. Denn jeder braucht ab und zu eine geschulte, helfende Hand. Nimm dir diese wichtige Zeit. Und am besten du startest sie gemeinsam mit dem, der deine Seele liebt und dich heilen will: Jesus. Setze dich zu seinen Füßen oder hole ihn gedanklich zu dir auf dein Sofa. Und dann fange einfach an, laut zu reden. Lass wie ein kleines Kind einfach alles aus dir heraus. Lass das verletzte Kind in dir zu Wort kommen, das so lange geschwiegen und still gelitten hat. Ohne nachzudenken, darfst du Jesus nun alles erzählen. Er unterbricht und korrigiert dich nicht. Er hört einfach nur zu. All die Last, all der Schmerz, all die Trauer, all der Hass und all die Wut sind bei ihm gut aufgehoben.

Solange du dein zerbrochenes Herz umklammerst und weder für Jesus noch für andere öffnest, die dir helfen wollen, kann es nicht heil werden. Es verkrampft und wird starr. Gott möchte dich so gerne von innen heraus heilen. Sein Ziel und Wunsch ist immer deine körperliche, seelische und mentale Gesundheit. Aber du kannst nicht wirklich frei und glücklich werden, wenn dein inneres Kind noch weint.

Weißt du, Gott ist ein Gentleman, er reißt dir nichts aus der Hand, und er drängt dich auch nicht ungeduldig dazu, deine Last endlich bei ihm abzulegen. Er wartet, bis du so weit bist, und dann nimmt er sich alle Zeit der Welt, dir diese Last zu nehmen und die Scherben deines Lebens wieder liebevoll zu einem Kunstwerk zusammenzusetzen.

Gott schaut sich nicht nur deine Symptome an und versucht, dich oberflächlich zu heilen. Nein, er geht viel tiefer bis zu den Wurzeln deines Schmerzes. Er will mit dir gemeinsam noch einmal der Frage nachgehen, was in deiner Vergangenheit geschehen ist, dass du heute mit diesen Symptomen leben musst. Was hat dir so viel Leid gebracht, dass du im Hier und Heute von Wut, Ängsten, Depressionen oder anderen psychischen Leiden geplagt wirst? Wer hat dich nicht geschützt, als du dringend Schutz gebraucht hättest?

***

Über Jahre hinweg hat dein Herz still gelitten, und nun kann der Augenblick gekommen sein, in dem es sich endlich mitteilen darf. Jesus sagt in Johannes 8,32, dass wir die Wahrheit erkennen werden und dass diese uns frei machen wird. Christen haben über lange Jahre Themen tabuisiert und sehen heute noch oft über schmerzhafte Erlebnisse in der Vergangenheit und die dadurch entstandenen Wunden hinweg. Als würde das Ignorieren all den Schmerz ungeschehen machen. Jesus hat nie Themen unter den Tisch gekehrt.

Daher darfst du ihn darum bitten, dir die konkreten Situationen aus deiner Vergangenheit zu zeigen, die der Heilung bedürfen. Ich bin auf den Rat meiner Therapeutin/Seelsorgerin hin in jede einzelne Situation meiner Kindheit noch einmal hineingegangen, die ich noch in Erinnerung hatte. In Gedanken habe ich mich zurückversetzt und Jesus in jede dieser Situationen mit hineingenommen. Ab und zu ließ ich ihn dann etwas sagen, aber meistens hielt er mich einfach in seinem Arm und gab mir unsagbar viel Trost.

Manchmal jedoch hat er mich liebevoll davongetragen und ist mit mir auf eine herrlich schöne Wiese gegangen. Auf dieser Wiese habe ich dann mit Jesus gespielt, getanzt oder ein Mittagsschlaf gehalten. Ich habe mein kleines Ich reden und weinen lassen. Und alles noch einmal mit Jesus durchleben lassen. Das hat mir geholfen, mich mit meiner Kindheit zu versöhnen. Und mit dem Versöhnen kam die Freiheit.

Ein weiterer Schritt, den du tun kannst, ist, einen „Anklagebrief" zu schreiben. Dieser Brief unterscheidet sich von dem zuvor erwähnten Brief dadurch, dass er nicht nur hilft, einen Streit niederzulegen, sondern er hilft dir auch dabei, Dinge auszusprechen, die über viele Jahre tief in deiner Seele verborgen waren. Schreibe ihn der Person oder den Personen, die sich an dir schuldig gemacht haben. Schreibe jedes kleine Detail in diesen Brief.

Durch das Schreiben verleihst du dir selbst eine Stimme gegen das an dir vollbrachte, still ertragene Unrecht und dein Schmerz bekommt eine Form und wird von innen nach außen getragen. Er wird förmlich „herausgeschrieben". Dann darfst du diesen Anklagebrief zu Jesus bringen und ihm diesen vorlesen. Während Jesus dich in den Armen hält (stell es dir ruhig bildlich vor), darfst du dieser Person vergeben. Du darfst diese Person von der begangenen Schuld freisprechen. Das ist vermutlich die radikalste Form von Liebe, zu der nur Gott befähigen kann. Doch du wirst merken, wie wertvoll dieser Schritt für dein eigenes Herz ist.

Durch diese Entscheidung zerreißt du das unsichtbare Band, das euch noch verbunden hat. Du trittst mit der Entscheidung zu vergeben aus dem Machtbereich dieser Person; du verlässt den Bereich der Abhängigkeit und Gefangenschaft und trittst in den Bereich des Segens ein. Die ausgesprochene Vergebung fühlt sich im ersten Moment wahrscheinlich nicht richtig an. Sie wird sich vielleicht noch nicht einmal ansatzweise nach Vergebung anfühlen. Aber das muss sie auch nicht. Du darfst deiner Seele ruhig Zeit lassen, bis die Vergebung auch in deiner Gefühlswelt ankommt.

Es geht bei diesem Schritt auch nicht in erster Linie um deine Gefühle, sondern darum, den Menschen, der an dir schuldig geworden ist, raus aus deinem Herz an Gott zu *ver*-geben. Du wirst nicht über Nacht ein neuer Mensch, aber es ist der erste Schritt in die richtige Richtung. Und du wirst merken, wie eine Last abfällt. Dein Herz bekommt endlich wieder Luft und du kannst frei atmen. Tag für Tag und Monat für Monat wird Gott diesen frei gewordenen Platz in deinem Herzen mit seiner Liebe, Achtung, Wertschätzung und Güte ausfüllen. Du darfst dich mit deiner Vergangenheit versöhnen und endlich Freiheit erfahren!

Über vielen Familien liegt eine Art Fluch, der über Generationen hinweg weitergetragen wurde: Immer wieder tauchen Alkoholprobleme, sexueller Missbrauch, Jähzorn und Lieblosigkeit auf. Denn Kinder, die geschlagen wurden, werden oftmals zu schlagenden Erwachsenen. Kinder, die keine Liebe erfahren durften, werden oft zu lieblosen Erwachsenen. Es ist eine Kettenreaktion, die kein Ende nimmt, wenn wir sie nicht bewusst durchbrechen. Nun hast du die Wahl, genau das zu tun. Tritt heraus aus dem Fluch und setze an seine Stelle Segen. Deine Kinder und Enkel werden es dir danken!

Liebe – ganz praktisch
Kurz nachgedacht – tief eingetaucht

- Unser Minderwertigkeitsgefühl kleidet sich gerne im Mantel der Demut. Wenn du den Mantel der Demut einmal lüften würdest, welches Selbstbild würde darunter zum Vorschein kommen? Bringst du dir und deinem Körper Liebe und Achtung entgegen? Gottes Liebe und Zuneigung zu dir sind unbegreiflich groß. Versuche, dir so oft wie möglich Zeit zu nehmen, um in diese Liebe einzutauchen, über sie nachzusinnen und in ihr aufzugehen. Je mehr du die göttliche Liebe aufnimmst, desto mehr Liebe wirst du dir selbst und deinem Nächsten entgegenbringen können.

• Fällt es dir leichter, anderen zu vergeben als dir selbst? Verbietest du dir, das letzte leckere Stück vom Kuchen zu nehmen, dir auch einmal etwas schönes Neues zu gönnen oder deine Meinung zu sagen? Nimmst du dich in falsch verstandener Demut so sehr zurück, dass deine einzigartige Persönlichkeit bereits fast erblasst ist? Nimm dich an, denn deine Wünsche, Vorlieben und deine Meinungen sind Gott so wichtig. ER hat sie selbst in dich hineingelegt. Fange an, bestimmt und liebevoll für dich einzustehen. Alles an dir ist wertvoll und kostbar. DU bist es wert. Und Gott möchte dich strahlen sehen!

• Wut, Hass und mangelnde Vergebung halten uns gefangen. Welche kleinen und großen Kriege führst du innerlich in deinem Leben? Du darfst dich hier und heute dafür entscheiden, diese zu beenden. Dein erster Schritt hin zur Vergebung bricht die Ketten der Bitterkeit und öffnet der Liebe die Tür. Ich möchte dich ermutigen, deinen eigenen kleinen und großen Krieg vor Gottes Thron zu bringen. Wenn es dir zu schwer erscheint, ihn in Worte zu fassen, dann schreibe einen Brief. Manchmal wirkt es Wunder.

• Wo kannst du deine Liebe heute aktiv werden lassen? In welchem Bereich, in welchen Streitigkeiten und in welchem Schweigen kannst du heute beginnen, Veränderung zu wirken?

Kapitel 8
Lebe der Sonne zugewandt

*Ein dankbares Herz
ist ein glückliches Herz.*
– Unbekannt –

8.1 Dank verleiht Kraft

Die Aufforderung meiner Kinderstundenleiterin klingt mir noch heute in den Ohren: „Seid dankbar in allen Dingen." Diesen Auftrag versuchte ich, über all die Jahre fleißig zu erfüllen. Kein Gebet ging über meine Lippen, ohne vor meinen Bitten auch immer einen Dank zu setzen. Ich suchte und fand täglich einzelne Erlebnisse, Augenblicke und Begegnungen, für die ich dankbar sein konnte.

Als ich mich auf die Suche nach Gottes wahrem Wesen machte, wurde mir jedoch klar, dass ich vor ihm all die Jahre ein falsches Spiel gespielt hatte. Ich wollte ein nettes, höfliches und stets dankbares Kind Gottes sein und trainierte mir deshalb eine dankende Haltung an. Daran ist grundsätzlich nichts falsch, wenn wir in dieser Haltung ehrlich vor Gott kommen. Tief in meinem Herzen empfand ich jedoch ein großes Misstrauen gegenüber Gott. Mein Herz glaubte nicht daran, dass Gott jeden Tag und in jeder Situation mit mir war und dass er es gut mit mir meinte. Vor allem hatte sich unbemerkt die Angst in mir festgesetzt, dass Gott mir all das, was er mir gegeben hatte, auch jederzeit wieder nehmen könnte. Und das war der eigentliche Grund meines täglichen Dankens: die Angst, dass Gott seine Güte von mir nehmen könnte, wenn ich ihm nicht jeden Tag neu gehorsam und treu meinen Dank entgegenbrächte.

Als ich begann, über das Thema Dankbarkeit nachzudenken, fiel mir auf, dass Dankbarkeit nur selten in unseren turbulenten Alltag hineinpasst. Wenn alles rundläuft, freuen wir uns. Aber wehe, es kommt etwas dazwischen: Eine Nachbarin hält uns im Gespräch auf, wir verschlafen oder das Kind wird krank – und schon droht sich unser ganzer Tagesplan in Luft aufzulösen und wir verlieren schneller die Fassung, als es uns lieb ist. Es ist ein bekanntes Prinzip: Oft legen wir mehr Aufmerksamkeit auf das, was nicht geklappt hat, als auf das, was wunderbar funktioniert hat. Der vom Jüngsten umgekippte Becher wird kommentiert, aber sein selbst geschmiertes Brot wird nicht gesehen. Der Stand des eigenen Kontos wird für selbstverständlich gehalten, aber das neue Auto der Freunde neidisch beäugt.

In dieser Hinsicht ähneln wir dem Volk Gottes auf der Wanderung durch die Wüste mehr, als uns lieb ist. Die Geschichte ist bekannt, in der Gott das Volk Israel durch große Wunder aus der Sklaverei in Ägypten befreit (vgl. 2. Mose). Er führt sie aus der Gefangenschaft, sorgt in der Wüste für ihr Wohl und hält ein großartiges Land als Überraschung für sie bereit. Doch anstatt dass das Volk dankbar ist und Gott nach all seinem Eingreifen umso mehr vertraut, lesen wir, dass die Israeliten eine Beschwerde nach der anderen vorbringen. Das Essen entspricht nicht ihren Vorstellungen, das Trinken reicht nicht aus und der Weg ist schwerer, als sie erwartet hatten. Ich, an Moses Stelle, hätte schon längst das Handtuch geschmissen. Wie konnte dieses Volk nach all den erlebten Wundern so undankbar sein?

Wie oft habe ich selbst schon gedacht: „Gott, wenn du mir mal so viele Wunder geschenkt hättest wie den Israeliten, dann hätte ich NIE wieder an deiner Güte und Gegenwart gezweifelt." Wenn ich mir die Szenen der Wüstenwanderung so betrachte, dann frage ich mich, warum sich das Volk nach all den Wundern nicht immerzu in der Nähe von Moses aufhielt und dankend und lobend Gottes suchte. Ich vermute, dass sie sich der Güte Gottes tief in ihren Herzen nicht bewusst waren. Da saß vielleicht noch der kleine Stachel des Zweifels: Gott könnte sie doch vergessen.

Nun bin ich nicht dabei gewesen und führe mein eigenes kleines Leben. Ich habe alles, was ein Mensch braucht: ein warmes Bett und ein Dach über dem Kopf. Mein Kleiderschrank und mein Magen sind gefüllt und ich bin gesund. Ich habe allen Grund, Gott zu danken. Die meiste Zeit tue ich das auch – bis ich mir, genau wie die Israeliten, erlaube, auf das zu schauen, was ich *nicht* habe. Wir sind so schnell dabei zu sehen, was uns noch zu fehlen scheint.

Gottes Segen erkennen wir in 90 Prozent unseres Lebens. Aber da gibt es noch diese 10 Prozent, die unserer Meinung nach nicht gesegnet sind. Denn dort spüren wir noch Mangel. Zu unserem perfekten Glück fehlen eben noch ein Mann, ein Kind, ein anderer Job, mehr Geld, weniger Kilos, ein gesundes Knie oder ein eigenes Haus. Wenn ich anfange, meinen Mangel zu betrachten, verliere ich, genau wie die Israeliten, den Blick für den positiven Istzustand und verfalle in den Jammermodus. Und in meinem Klagen beginne ich, unmerklich an Gottes Güte zu zweifeln und das Misstrauen in meiner Beziehung zu ihm zu schüren. Ich möchte hier nicht sagen, dass wir nicht offen und ehrlich vor Gott klagen dürfen, aber manchmal bedarf es eben auch wieder der bewussten Hinwendung zu den positiven Dingen in unserem Leben.

***

Dankbarkeit gründet in gleicher Weise wie auch Sorglosigkeit auf unserem Gottvertrauen – und ist deshalb so wichtig für ein beflügeltes Leben. Allein dein Herz kann dir offenbaren, wie es gerade wirklich um dein Gottvertrauen steht. Wenn du nur einen kleinen Funken Misstrauen in deinem Herzen verspürst, dass Gott es doch nicht so gut mit dir meinen könnte, dann kann sich dieser Funke zusehends in einen Brand der Unzufriedenheit verwandeln, der dir das Ruder über deine Emotionen entreißen kann. Ständig jammernde Menschen sind weit entfernt von einem gelassenen und glücklichen Leben.

Daher ist es so wichtig, dass wir lernen, auf Mangelerfahrungen – und hierzu zähle ich auch den Mangel an Liebe und Freundschaft – richtig zu reagieren. Lernen wir es nicht, so nehmen Undankbarkeit und Unzufriedenheit immer mehr Raum in unserem Leben ein und halten uns davon ab, siegreich und erfüllt durchs Leben zu gehen.

Schauen wir noch einmal auf eine biblische Geschichte: Als Jesus nach einem langen und ermüdenden Tag 5000 Menschen vor sich stehen sieht, gibt er den Jüngern den Auftrag, für diese Menschen Essen zu besorgen. Dieser Auftrag scheint eine ziemliche Überforderung für die Jünger zu sein, denn sie schauen sich in Anbetracht der riesigen Menge des versammelten Volkes nur hilflos an. Jesus jedoch bleibt ruhig und weist sie an, all das an Nahrung zusammenzutragen, was sie noch finden können. Es sind genau fünf Brote und zwei Fische (vgl. Mk 6,30–43).

In den Augen der Jünger scheint die Versorgung der versammelten Menschenmenge damit utopisch zu sein. Sie wissen sich nicht zu helfen und kommen wieder zu Jesus. Jesus bleibt immer noch herrlich entspannt. Er nimmt die fünf Brote und die zwei Fische, schaut zum Vater hoch, DANKT Gott und verteilt diese, auf dass alle satt werden. Er macht seinen Vater nicht darauf aufmerksam, dass es eindeutig zu wenige Brote sind und die Lage wirklich heikel aussieht. Nein, er dankt für das, *was er hat,* und gibt es weiter. Ich selbst hätte vermutlich auch hier wieder einmal auf das geschaut, was ich *nicht* habe, nämlich 995 weitere Brote. Mir wäre auch nie in den Sinn gekommen, für ein Wunder zu beten. Ich hätte einfach alle nach Hause geschickt. Aber Jesus sieht zum Himmel, dankt – und das Wunder geschieht (vgl. Mk 6,41). Jesus zweifelt nicht einen Moment an der Liebe seines allmächtigen Vaters. Er weiß, dass sein Vater seine Kinder versorgt. Er dankt einfach und überlässt im tiefen Vertrauen Gott die Versorgung dieser 5000 Menschen.

Diese Geschichte verdeutlicht mir, dass meine Herzensüberzeugungen meine Reaktion auf eine Situation entscheidend beeinflussen und lenken. Der Glaube deines Herzens hat eine entscheidende Auswirkung auf dein Leben. Daher ist es so wichtig zu ergründen, was dein Herz (und nicht dein Verstand) wirklich glaubt. Jesus hat einfach gedankt. Er befand sich in einer stressigen Situation und hatte Gott schon im Voraus dafür gedankt, dass er sein Versprechen, alle reichlich zu versorgen, halten wird. Aus der dankbaren und empfangenden Haltung Jesu heraus wurden alle satt. Aus dem

Vertrauen kam die Dankbarkeit, und daraus wurde ein Wunder geboren, durch das alle Gottes große Güte kennenlernen durften. Paulus spricht: „Dankt Gott, ganz gleich wie eure Lebensumstände auch sein mögen" (1. Thess 5,18).

Gottes Wille ist durch und durch gut. Er weiß, dass allein Dankbarkeit unseren trüben Blick wieder erhellen und nach oben richten kann. Dank kann unsere Lebensbereiche mit Defiziten nicht nur erhellen, sondern uns auch neue Möglichkeiten aufzeigen. Du brauchst Gott keine Dankbarkeit vorzugaukeln. Es reicht, wenn du dich einfach umschaust. Fange mit dem Offensichtlichen an: Du kannst dich bewegen, lebst in einem sicheren Land und hattest heute wahrscheinlich schon ein Frühstück. Wollte man alle diese dankeswürdigen Erfahrungen und Dinge in seinem alltäglichen Leben niederschreiben, könnte man damit sicherlich ganze Bücher füllen. Vielleicht legst du dir ja tatsächlich ein kleines Dankbarkeitstagebuch an? Dann kannst du alle Seiten mit Lob und Dank füllen, denn wenn die Zeit kommt, in der du niedergeschlagen, schwach und mürbe bist, dann füllen sich die Seiten nur spärlich.

Manchmal wird es dunkler, als es uns lieb ist

Leider müssen wir auch als Christen schwere und harte Zeiten durchstehen, in denen noch nicht einmal ein Sonnenstrahl zu uns durchzudringen vermag. Manchmal zieht sich die Dunkelheit über Tage hin und manchmal frisst sie ganze Monate oder gar Jahre auf. Egal, wie lange du schon in ihr gefangen zu sein scheinst – ich möchte dich ermutigen, den schweren Vorhang nur fünf Zentimeter zur Seite zu schieben. Erhebe deinen Blick und suche nach irgendetwas, was nicht wie alles um dich herum schwarz ist, sondern vielleicht nur dunkelgrau. Etwas, wofür du danken kannst, trotz allem.

Es geht beim Danken auch nicht darum, *für* jede, sondern *in* jeder Situation dankbar zu sein. Du musst das Leid, das dein Leben momentan befällt, nicht gutheißen. Es geht auch nicht darum, schöne

Worte vor Gott zu formulieren und sich in einer schrecklichen Situation zwanghaft einreden zu wollen, dass es zu meinem Besten dienen wird. Auch wenn sich das im Nachhinein vielleicht sogar mal als wahr erweisen wird, musst du dein Herz in der Situation selbst dazu zwingen, Gott schon dafür zu danken. Bringe einfach ganz offen und ehrlich die Gedanken, die dich gerade umkreisen, im Gebet vor Gott. Danke ihm für seine Liebe und seine Güte, die auch IN deinem Leid auf dir ruhen. Gott hält und umgibt dich IN allen Dingen. Niemals kommt es ihm in den Sinn, dich alleinzulassen. Und wenn du dein Vertrauen auf ihn setzt, dann lässt Gott aus deinem Problem etwas Gutes entstehen.

Jedes Mal, wenn dein Blick getrübt ist, kannst du, bildlich gesprochen, wie Jesus Gott deine fünf Brote hinhalten. Gib ihm, was du in den Händen hältst, auch wenn es grau und nichtig erscheint. Manchmal sind es nur Worte, die wir Gott hinhalten können. In ganz schweren Zeiten sind es manchmal noch nicht einmal die. So, wie du gerade fühlst, ist es okay. Nimm deine Gefühle wahr und halte auch sie Jesus hin.

Die ersten Sätze sind mühsam, aber es ist der erste Schritt in die richtige Richtung, nämlich raus aus der Dunkelheit und hin zum Licht. Und ich bin mir sicher, dass auch in deinem Alltag so manches Wunder geboren wird und die Farben deines Lebens wieder zu leuchten beginnen. Eine authentische dankbare Herzenshaltung entsteht nicht über Nacht. Es ist ein längerer Prozess. Wir müssen stille werden und uns vom Heiligen Geist aufzeigen lassen, wie es wirklich in unserem Herzen aussieht. Was glaubt dein Herz wirklich? Glaubt es, dass du dir die Segnungen erst verdienen musst? Dass Gott willkürlich gibt und wieder nimmt? Dass du ihm eigentlich nicht wirklich wichtig bist? Oder gar, dass er nicht liebevoll jeden Augenblick über dir wacht? Stelle dich dem ungeschönten Glauben deines Herzens.

Ob ein tiefes Vertrauen in einen guten, treuen und allmächtigen

Gott bereits in deinem Herzen verankert ist, erkennst du daran, wenn du auch in jenen Situationen einen tiefen Frieden in dir spürst, die nicht nach deinen Vorstellungen laufen. Denn die tiefe Gewissheit, dass Gott gut ist und bei dir ist, schenkt dir eine Ruhe, die die perfekte Grundlage für echte Dankbarkeit ist – unabhängig von den äußeren Umständen.

***

In schwierigen Situationen, wenn Streit, Stress und Unruhe meinen Alltag bestimmen, gibt es rein äußerlich betrachtet wenig zu danken. Doch ich habe mir inzwischen angewöhnt, mir dann ein stilles Eckchen zu suchen und mein Herz bewusst an die Güte Gottes zu erinnern: „Du, mein Vater, bist mitten in diesem Chaos. Ich danke dir, dass du diesen Sturm stillen wirst. Ich danke dir, dass ich gestärkt und befähigt durch deine Liebe die Wogen dieses bösen Streits glätten kann. Du führst und ich vertraue." Ich orientiere mich gedanklich also am „Sollzustand", der geprägt ist von Ruhe, Liebe und Vertrauen, und wirke damit gestaltend auf meinen Istzustand ein, in dem noch Unruhe, Wut und Stress herrschen. Ich entscheide mich bewusst zu vertrauen und zu danken. Ich versuche, meinen Blick jeden Tag aufs Neue von unten nach oben zu korrigieren.

An manchen Tagen fällt es mir leicht, an anderen schwerer. Doch jeder mühsame Versuch ist besser, als den Blick von vornherein nach unten gerichtet zu lassen. Wenn unser Herz langsam Gottes wahren Charakter begreift, dann ist es zu seiner Bestimmung gekommen. Denn das ist Gottes Wunsch für dein Leben: Dass du ein freies, freudiges und dankbares Herz hast (vgl. Spr 4,23; 2. Kor 3,17; Gal 5,1).

Ein dankbares Herz ist leicht, fröhlich, gelassen, freigiebig und geduldig. Es geht immer vom Guten im Leben aus. Dankbare Menschen begreifen, dass sie kein Recht auf Geld, Luxus, Frieden, ein

Haus, Errettung und Gesundheit haben. Aber sie nehmen alles dankbar und freudig aus Gottes Hand. Sie sehen Zeit und Finanzen als Geschenke Gottes an und gehen als Verwalter weise und großzügig damit um. Dankbarkeit reinigt unsere Gedanken und bringt Licht in unsere Finsternis. Dank setzt göttliche Kraft in dir frei. Mit dieser Kraft in dir kannst du jede Mauer überwinden, denn es steht geschrieben: „Lasst den Mut nicht sinken, denn die Freude am HERRN gibt euch Kraft!" (Neh 8,10).

8.2 Glück oder Unglück, das ist hier die Frage – welche Perspektive nimmst du ein?

Manchmal lohnt sich auch ein weiterer Blickwechsel: Es war kein Unglück, dass 995 Brote gefehlt haben – nein, es war Glück, dass fünf ganze Brote zur Verfügung standen! Nicht alles, was in unseren Augen als „Unglück" erscheint, ist auch wirklich ein „Unglück". Wenn unsere durchgeplante Woche einmal unterbrochen wird, weil zum Beispiel das Kind krank wird, dann ist dies nicht unbedingt ein „Unglück". Vielleicht schenkt Gott dir und deinem Kind dadurch wertvolle gemeinsame Zeit. Oder wenn dein Kind nicht in die nächste Klasse versetzt wird, dann ist das auch nicht unbedingt ein „Unglück". Vielleicht wartet in der nächsten Klasse ein Freund fürs Leben auf es. Wir sollten in Erwägung ziehen, dass sich ein „Unglück" durchaus auch zum „Glück" wenden kann.

Dazu eine kleine Geschichte:

Glück und Unglück

Eines Tages lief einem Bauern das einzige Pferd fort und kam nicht mehr zurück. Da hatten die Nachbarn Mitleid mit dem Bauern und sagten: „Du Ärmster! Dein Pferd ist weggelaufen – welch ein Unglück!"

Der Landmann antwortete: „Wer sagt, dass dies ein Unglück ist?" Und tatsächlich kehrte nach einigen Tagen das Pferd zurück und brachte ein Wildpferd mit.

Jetzt sagten die Nachbarn: „Erst läuft dir das Pferd weg, dann bringt es noch ein zweites mit! Was hast du bloß für ein Glück!"

Der Bauer schüttelte den Kopf: „Wer weiß, ob das Glück bedeutet?"
Das Wildpferd wurde vom ältesten Sohn des Bauern eingeritten; dabei stürzte er und brach sich ein Bein. Die Nachbarn eilten herbei und sagten: „Welch ein Unglück!"

Aber der Landmann gab zur Antwort: „Wer will wissen, ob das ein Unglück ist?"

Kurz darauf kamen die Soldaten des Königs und zogen alle jungen Männer des Dorfes für den Kriegsdienst ein. Den ältesten Sohn des Bauern ließen sie zurück – mit seinem gebrochenen Bein.

Da riefen die Nachbarn: „Was für ein Glück! Dein Sohn wurde nicht eingezogen!"

Christian Morgenstern

Jammere nicht, wenn du im Stau stehst. Beklage dich nicht, wenn dein Urlaub gestrichen wurde. Ärgere dich nicht, wenn der Ausflug ins Wasser fällt oder das Auto kaputtgeht, sondern versuche in allen Situationen vertrauend zu erwarten, dass aus deinem „Unglück" noch ein Glück werden kann. Wir sehen nicht weiter als über unseren Tellerrand. Unser Vater im Himmel hingegen hat den Überblick über unser gesamtes Leben. Er sieht, ob du gerade zehn Minuten Ruhe bräuchtest und ob der Stau daher genau richtig kommt. Er sieht, ob du im Urlaub vielleicht einem tatsächlichen großen Unglück begegnet wärst, und lässt deinen Urlaub streichen. Er sieht, dass die Gefahr eines Autounfalls besteht, und lässt dich daher verschlafen. Nichts ist entspannter, als Gott zu vertrauen und einfach alles anzunehmen, was aus seiner Hand kommt.

„Verlass dich nicht auf deinen eigenen Verstand,
sondern vertraue voll und ganz dem HERRN." (Spr 3,5)

Vertraue in all deinen Lebenssituationen mit einem dankbaren Herzen auf Gott. Denn er sagt: „Ich allein weiß, was ich mit euch vorhabe: Ich, der HERR, habe Frieden für euch im Sinn und will euch aus dem Leid befreien. Ich gebe euch wieder Zukunft und Hoffnung. Mein Wort gilt!" (Jer 29,11).

Gott meint es gut mit dir und deinem Leben. Daher möchte er, dass du IN jeder Situation dankbar bist. Einfach, weil er dein Leben weit mehr überblicken kann, als du es kannst. Er weiß, wie viel Segen auf dir ruhen wird, wenn du mit einer dankbaren Herzenshaltung lebst und ihm vertraust, dass er es gut mit dir meint.

Mit 24 Jahren ist meine Verlobung mit meinem damaligen Freund geplatzt. Keiner von uns beiden wusste genau, warum wir uns entlobt hatten, doch irgendwie konnten wir diese Entscheidung auch nicht mehr rückgängig machen. Meine kleine Welt wurde dadurch mächtig erschüttert. Ich hatte viele Menschen gebeten, für unsere Beziehung zu beten. Ich wollte, dass wir wieder zusammenfinden. Es war eine schlimme Zeit und ich fiel in ein tiefes Loch.

Das Einzige, woran ich mich damals noch klammern konnte, war der Satz: „Gott hat die Kontrolle über mein Leben nicht verloren. Es wird alles wieder gut." Diesen Satz habe ich etwa 65 Mal am Tag laut vor mich hin gesagt. Ich konnte monatelang für nichts danken. Es fiel mir schwer zu begreifen, warum Gott all die Gebete für unsere Beziehung nicht erhörte. Ich war mir noch nicht einmal sicher, ob ich Gott vertrauen konnte. Aber diese Hoffnung war das Einzige, woran ich mich festhalten konnte: Gott hatte die Kontrolle nicht verloren – egal, wie schmerzhaft es gerade war. Im Rückblick habe ich für mich angenommen, dass Gott die Trennung zugelassen hat, damit ich meinen heutigen Mann kennenlernen konnte. Ein wahrer Segen.

***

Gott verliert niemals die Kontrolle über dein Leben. Er hat gute, liebevolle Gedanken über dich. Seine Güte umgibt dich in jeder Situation. Du darfst wissen, dass er dich mit deinem Schmerz liebevoll im Arm hält. Dein Vater möchte dich durch jede Situation tragen und dich mit tiefem Frieden ausstatten. Am Ende wirst du dich umschauen und voller Dankbarkeit seinen Weg mit dir erkennen.

Und damit du dir schon jetzt immer wieder darüber bewusst wirst, dass Jesus mit dir gemeinsam auf dem Weg ist, etabliere Dankbarkeit in deinen Alltag. Für jede schöne Kleinigkeit, die dir am Tag begegnet, könntest du ein kurzes „Wow, danke Papa!" sagen. Wenn dir etwas total unlogisch erscheint, dann reicht: „Hm, komisch. Passt gerade nicht in meinen Plan, aber vermutlich in deinen Plan, Gott. Danke, dass du den Überblick hast."

Es sind diese kleinen, kurzen, leichten Gebete, die meine Beziehung zu meinem Papa auf ein ganz anderes Level gebracht haben. Und diese antrainierte Dankbarkeit wird deinen Blick weiten, nicht nur den Blick auf deinen Tag, auf dein Leben und deine Beziehung zu Gott, sondern auch auf deine Kinder und deinen Ehemann. Du wirst Seiten an ihnen entdecken, die dir bis dahin vielleicht noch völlig verborgen geblieben sind. Die Welt um dich herum wird sich langsamer drehen, und du wirst anfangen, mit einem leichten Schritt durchs Leben zu gehen, weil dein Blick für das Positive geöffnet wurde, das dich umgibt. Wie ein Adler bekommst du neuen Schwung und gehst dein Leben mit neuen Kräften an.

Das Leben bekommt eine ganz andere Richtung, wenn du in deinem scheinbaren „Unglück" gezielt nach dem Glück suchst; wenn du in deinem scheinbaren Unglück, in deinem scheinbaren Chaos dennoch Gottes gütiger Hand vertraust. Aus diesem Vertrauen heraus entsteht der schönste Dank.

Während ich mir nach meinem Zusammenbruch damals Zeit nahm, über Gottes wahres Wesen nachzusinnen, da verstand mein Herz, dass Gott es immer gut mit mir gemeint hat und meint. Und plötzlich war ich ohne ersichtlichen Grund wochenlang anhaltend von tiefer Dankbarkeit und tiefem Glück erfüllt. Als wäre die Sonne in die Dunkelheit meines Unverständnisses hineingekommen, begriff mein Herz ganz neu: Gottes Güte ruht tagtäglich über meinem Leben. Ich bin geborgen in seiner gnädigen Hand.

Ich möchte dich deshalb immer wieder ermutigen, Gottes gütiges Herz zu erforschen. Lass den Glauben an den liebevollen Charakter deines allmächtigen Gottes tief in deinem Herzen verankert sein.

Deine Beziehung zu Gott und deine Lebensqualität profitieren von einem dankbaren, gottvertrauenden Herzen.

Ich wünsche dir aus tiefstem Herzen, dass dein Herz zu seiner Bestimmung findet, nämlich befreit und in der Leichtigkeit des Glaubens, Gott zur Ehre zu leben.

Danket dem HERRN, denn er ist freundlich,
und seine Güte währet ewiglich.
– 1. Chronik 16,34 –

Dankbarkeit – ganz praktisch
Kurz nachgedacht – tief eingetaucht

• Versuche einmal, mutig bei jedem auftretenden Problem beziehungsweise bei jeder ungeplant eingetretenen Situation kurz innezuhalten und als Erstes Gott zu danken. Ein einfaches Gebet wie: „Danke, Gott. Ich verstehe es noch nicht, aber du hast die Kontrolle, und das ist gut." genügt. Dieses kurze „Danke" hilft dir, beim Auftreten eines Problems sofort den Blick zu deinem Vater zu heben und nicht das Problem zu fokussieren. Du wirst nicht gleich hysterisch, panisch oder gestresst, sondern kannst erst mal tief durchatmen und ruhig bleiben. Das kurze „Danke" soll dich außerdem daran erinnern, dass Gott dir nichts Böses möchte und dass diese Situation nicht aus dem Chaos heraus entstanden ist. Die Erinnerung daran, dass die Güte Gottes auf deinem Leben und diesem Tag liegt, und das Vertrauen auf diesen guten Gott lassen dich die Angelegenheit mit ruhigem Herzen angehen. Vergiss nicht: Du bist von oben behütet und von innen geleitet.

• Während ich dieses Buch schrieb, hatte ich die Idee, eine neue WhatsApp-Gruppe zu eröffnen. Ich habe sie in dem Bewusstsein gegründet, dass Gott uns tagtäglich viele Geschenke und Freuden macht, die wir jedoch viel zu oft übersehen und aufgrund unseres Stresses einfach nicht wahrnehmen. Mittlerweile sind wir 12 ganz unterschiedlich geprägte Frauen, die im Laufe des Tages ihre von Gott geschenkten „Zuckerstückchen" in die Gruppe schreiben. In dieser Gruppe wird weder getratscht noch kommentiert, sondern das Augenmerk allein auf die kleinen Freuden und Geschenke des Tages gelenkt. So banal ein Punkt auch manchmal erscheint, für ein Wort des Dankes ist nichts zu klein.

• Es ist sehr wichtig, Kinder bereits von klein auf in eine dankende Haltung zu führen. So werden sie auf eine ungezwungene Art und Weise den Blick für das Gute im Leben auch im Erwachsenenalter nicht verlieren und ihr Leben dadurch positiv prägen. Eine Idee hierzu wäre, ein schönes, großes Glas in die Tischmitte zu stellen. Nun werden auf jeden Abendbrotteller drei große getrocknete Bohnen gelegt. Während des Essens unterhält man sich als Familie ungezwungen über den Tag und bringt seine drei Dankbarkeitsmomente in das Gespräch mit ein. Tag für Tag kann man dann sehen, wie sich das Glas immer mehr füllt. Am ersten Tag des neuen Monats beginnt man wieder mit einem leeren Glas. Wir machen als Familie oftmals ein tägliches „Top (schöne Erlebnisse)-und-Flop (nicht so schöne Erlebnisse)-Gespräch" daraus. So haben besonders schnell frustrierte Kinder die Möglichkeit, über ihre ärgerlichen und blöden Erlebnisse, also die „Flops" des Tages, zu sprechen, aber dennoch auch ein Augenmerk auf ihre „Tops" zu legen.

Kapitel 9

Ankommen dürfen
bei deinem gütigen Gott

*Mit Güte kann man fast
jeden Menschen überraschen.*
– Pearl S. Buck –

9.1 Über allem ruht Gottes Güte

Ich möchte dieses Buch mit einem Kapitel über Gottes allumfassende Güte abschließen. In dieser Güte liegt der Grund unseres Lebens, unsere Identität, unsere Kraft und unsere Hoffnung. Und aus dieser Güte heraus fließt auch der übernatürliche Frieden Gottes, der unser ganzes Leben umhüllen und uns sicher werden lassen kann, dass dieses Leben gut ist und dass wir geliebt, gewollt und behütet sind. Du bist ein Kind Gottes; das Kind eines Gottes, der durch und durch gut ist.

Wenn Gott nun spricht: Ihr seid meine geliebten Kinder (vgl. Lk 18,16–17), wie werden wir dann dieser Kindschaft gerecht? Was macht das Wesen eines Kindes aus? Es sollte spielend, lernend und lachend seine Welt erkunden. Und was war denn nach der Kernaussage des biblischen Schöpfungsberichts (vgl. 1. Mose 1–3) die Aufgabe der ersten Menschen, wenn nicht die, Gottes Schöpfung zu pflegen, ihre Geheimnisse zu erforschen, in ihr zur Ruhe zu kommen und vor allem das Leben in ihr zu genießen – spielerisch, lernend und lachend?

Ein Kind hat die besten Entfaltungsmöglichkeiten, wenn es sich geliebt, behütet und ernst genommen fühlt. Es braucht die Sicherheit zu wissen, dass es da jemanden gibt, der es gut mit ihm meint. Nur dann kann es zu einem selbstbewussten und glücklichen Erwachsenen heranwachsen und „Schicksalsschläge" gut meistern. Um uns nach Gottes Vorstellung entfalten zu können, ist es deshalb wichtig, dass wir das Wesen unseres Vaters nicht nur erahnen oder vermuten – nein, wir müssen es tief in unser Herz aufnehmen und an seiner Güte festhalten. Unser Vater ist gut. Er denkt gut über uns, er handelt gut an uns und er leitet uns gut durch unser Leben. Er ist durch und durch gut!

Mich begeistern Menschen, die nicht christlich erzogen wurden, sondern mitten im Leben zu Gott gefunden haben. Sie strahlen etwas aus, was viele meiner Mitchristen vermissen lassen und was mir selbst als Christin jahrelang gefehlt hatte: Es ist dieses kindliche Vertrauen, dass Gott gut ist. Sie ruhen in dieser Wahrheit. Sie leben ihr Leben mit Gott und vertrauen ihm dabei durch und durch. Auf die Frage, wie sie denn einfach davon ausgehen könnten, dass Gott ihre Gebete erhöre und heute noch Wunder tun würde, oder woher sie wissen, dass sie wirklich von Gott geliebt sind, sahen sie mich oft etwas verdutzt an und gaben mir dann zu verstehen: „Aber das steht doch in der Bibel. Jesus hat doch unzweifelhaft gesagt: Betet und ich werde heilen" (vgl. Jak 5,16). Dabei dachte ich mir so manches Mal: *Na ja, in der Bibel steht so einiges, was im wahren Leben nicht zu funktionieren scheint.* Ihr Blick auf Gott ist ungetrübt und nicht von einer religiösen Fassade verdeckt worden. Ihre Sicht auf Gott ist voller Vertrauen darauf, dass er wirklich gut ist. Das, was mich anzog, war nicht nur ihr *Glauben* an einen guten Gott, sondern ihr tiefes *Überzeugtsein* davon, dass die Güte dieses guten Gottes allezeit auf ihnen liegt.

Ich kenne viele Christen, die von klein auf streng christlich erzogen wurden und eine traurige Lüge in ihrer Kindheit in ihr Herz gesät bekommen haben: „Du bist schlecht, wenn du sündigst! Gott hasst Sünder. Bitte Gott um Vergebung, und dann gib dein Bestes, nicht mehr zu sündigen. Nur dann ist er dir gnädig." Über vielen kleinen Menschenseelen schwebten Sätze wie: „Du musst gehorsam sein, sonst ist Gott enttäuscht von dir. Deinen Eltern und anderen Erwachsenen zu widersprechen ist eine Sünde." Oder: „Christen tun dies und jenes nicht." Gerade so, als ob nach Jesu Opfer am Kreuz Gottes Wohlwollen und Gnade immer noch von der Befolgung eines Gesetzes abhängig wären, das wir untadelig zu erfüllen hätten und ohne dessen strikte Befolgung wir Gottes Ablehnung zu befürchten hätten.

Eine strenge christliche Erziehung im Geiste des Alten Bundes – sei es durch die Eltern oder die Gemeinde – legt allzu oft den Schwerpunkt auf unser sündiges Wesen und schürt demzufolge die

Angst, bei Missachtung elterlicher und gemeindlicher Regeln auch von Gott abgelehnt zu werden. Der Schwerpunkt dieser Theologie liegt nicht auf Gottes Güte, sondern auf unserer Schuld. Die unbewusste Schlussfolgerung ist dann, dass sich nur ein zorniger und strenger Gott so auf Sünde und Wiedergutmachung konzentrieren kann. Denn ein guter, gnädiger Gott würde doch das Gute in uns sehen und uns trotz all unserer Fehler lieben. Wie kann ich jedoch einem Gott vertrauen, der allein auf meine Missetaten sieht? Viele wurden in eine Religion hineinerzogen, die keinerlei persönliche und liebevolle Beziehung zu Gott kennt. Es ging immer nur um den Inhalt der Bibel und um die Einhaltung von biblischen und kirchengemeindlichen Geboten.

Aber schon Jesus sprach über Pharisäer und ihre Gesetzesmentalität: „Ihr kennt jedes Wort des Gesetzes auswendig und befolgt alles aufs Kleinste. Doch das Wesentliche, die Gerechtigkeit und Liebe, lasst ihr außer Acht! Denn ihr ladet den Menschen unerfüllbare religiöse Forderungen auf, tut aber nicht das Geringste, um ihnen diese Last zu erleichtern. Ihr ehrt mich mit den Lippen, aber mit dem Herzen seid ihr nicht dabei. Eure Frömmigkeit ist wertlos, weil ihr eure menschlichen Gesetze als meine Gebote ausgegeben habt" (nach Lk 11,42–48+52; Mt 15,8–9).

Jesus hat es nicht gefallen zu sehen, wie seine Kinder Geboten und auferlegten Gesetzen hinterherrennen, anstatt sich mit ihm persönlich zu beschäftigen. Es ist tatsächlich viel einfacher, Regeln zu befolgen als Vertrauen zu leben. Jesus hat keine Religion gelebt, er ging über Grenzen und Gebote hinweg auf die Menschen zu. Im Fokus von Jesu Verkündigung stand das Thema Beziehung immer an erster Stelle: die Beziehung zu seinem himmlischen Vater und die Beziehung zu jedem einzelnen Mitmenschen. Er hat alles darangesetzt, den Menschen persönlich zu zeigen, wie Gott ist. Er hat der Ehebrecherin in die Augen geschaut (vgl. Joh 4, 5–43). Er hat voller Liebe mit den Außenseitern der Gesellschaft zu Tisch gesessen (vgl. Mt 9,10). Und er hat Kranke geheilt und Verstoßene angenommen (vgl. Mk 1,40–45). Noch bevor all diese Menschen sich Gottes Aufmerksamkeit verdienen konnten, wandte Jesus sich ihnen zu. Ja, seine Priorität war die Beziehung zu den Menschen. Und Jesus sprach: „Durch mich seht ihr den Vater" (Joh 14,9–10).

Jesus spiegelte das Wesen Gottes wider. Und an ihm sehen wir: Dieses Wesen ist voller Liebe, Erbarmen, Gnade und Güte. Und Jesus war immer den Menschen zugewandt. Somit ist auch Gott in erster Linie ein Gott, der Beziehungen leben will, die von Anfang an von Liebe und Annahme geprägt werden. Nachdem Gott den Menschen als letztes Schöpfungswerk erschaffen hatte, sprach er: „Und es war sehr gut!" Der Mensch ist sehr gut. Das hat sich auch nach dem Sündenfall nicht geändert (vgl. Ps 8,6). Das hat sich bis zum heutigen Tag nicht geändert. Denn eines steht fest: Wenn Gott sagt, dass etwas sehr gut ist, dann ist an der Klarheit und Wahrheit dieser Aussage nicht zu rütteln. Gott nimmt sein Wort nicht zurück. In seiner Allwissenheit wusste er bereits, dass Adam und Eva nur eine kurze Zeit lang gehorsam bleiben würden. Und dennoch konnte Gott sagen: „Der Mensch ist sehr gut, denn er wurde nach meinem Ebenbild geschaffen." Gott hat uns ihm ähnlich gemacht (vgl. 1. Mose 1,27). Er hat Güte, Frohsinn, Liebe, Großzügigkeit, Barmherzigkeit und ein reines Herz in jeden Menschen gelegt. Ja, ich glaube, all das Gute ist in jedem Menschen angelegt. Daher ist die Schöpfung „Mensch" sehr gut, weil jeder etwas Göttliches in sich trägt.

Was ist aber mit dem Mörder? Was ist mit dem tyrannischen Chef oder dem Ehemann, der seine Frau schlägt?, möchte man vielleicht einwenden. Doch ich denke: „Der Mensch sieht, was vor Augen ist, der Herr aber sieht das Herz an" (1. Sam 16,7). Gott heißt bei Weitem nicht alle unsere Entscheidungen und Verhaltensweisen gut, und auch nicht unsere egoistischen Ideen oder negativen Gefühle. Er heißt keinen einzigen Mord, keine einzige Gewalttat und keine von Hass motivierte Tat gut. Gott schmerzt es, wenn wir andere

Menschen manipulieren, Unwahrheit über sie sprechen oder auch nur lästern. Und doch schließt das eine das andere nicht aus. Er muss unsere Taten nicht gutheißen, um uns doch voller Liebe und Güte begegnen zu können. Gott trennt das, was ich bin (meine Identität), von dem, was ich tue. So kann Gott uns bedingungslos lieben und segnen, ohne alles gutzuheißen, was wir tun. In Lukas 6, 27–36 fordert Jesus uns auf, auch unsere Feinde zu lieben, denn auch Gott ist gütig zu den Undankbaren und Bösen (vgl. Vers 35).

Jesus sieht, was sein Vater und er in jeden Einzelnen hineingelegt haben. Gott sieht die Güte, das reine Herz, das verletzt und gebrochen wurde, er sieht das Göttliche in jeder Person. Er sieht, was Menschen in dieser Person zerstört haben. Jesus hat weder gegenüber einem Betrüger (Zachäus in Lk 19,1–10), einer Prostituierten (Maria in Joh 12,1–7 und Joh 4, 1–30) noch einem Mörder (in Lk 23,43) seinen Finger erhoben und ihnen gesagt, dass sie voller Sünde seien und erst einmal umkehren sollten, bevor sie sich ihm nähern dürften.

***

Jeder gläubige Mensch versucht, Gott irgendwie zu erfassen und – geprägt durch die Umwelt, seine Erfahrungen und die Bibel – sich im Geiste ein Bild von Gott zu erschaffen, das ihm logisch und verständlich erscheint. Gemeinden erstellen menschliche Grenzen, Regeln und Zäune, da diese ihnen Sicherheit geben. Um diese Sicherheit zu bewahren, werden ihre Mitglieder dazu angehalten, diese Grenzen entweder zu respektieren oder bei Missachtung derselben die Gemeinde zu verlassen. Jesus hat zu seiner Zeit die engen gesellschaftlichen und religiösen Grenzen der Pharisäer zu sprengen versucht und Menschen mit in seinen Kreis aufgenommen, die längst aus der Gesellschaft ausgestoßen worden waren.

Vielen streng religiösen Christen fehlt diese von Jesus vorgelebte

Freiheit, über Grenzen hinweg auf Menschen zuzugehen. Sie sind vielmehr damit beschäftigt, Menschen in ein Schwarz-Weiß-Schema zu pressen, wobei sie sich mit aller Kraft auf die geschriebenen Buchstaben des Gesetzes stützen. Sie sehen nur das, was vor Augen ist: ein(e) Kettenraucher/-in, ein(e) Homosexuelle/-r, ein(e) Ehebrecher/-in. Das sind doch offensichtliche Sünder, die sie in ihrer Mitte nicht dulden dürfen! Es ist in Ordnung, wenn diese als Sünder zu ihnen kommen und sie diese Personen zu Gott führen können. Doch sie sind auch nur solange geduldet, wie sie die Bereitschaft zu Reue und Veränderung zeigen. Dabei werden die eigenen „harmlosen, weil unsichtbaren" Sünden wie Unglaube, Lieblosigkeit und Unbarmherzigkeit ignoriert, da doch der Splitter im Auge des Gegenübers um so vieles größer erscheint (vgl. Mt 7,4). Jesus schaut jedoch über alle Äußerlichkeiten hinweg mitten in unser Herz. Trotz unserer verletzten Seele und unseren Narben sieht er das Gute in uns und schenkt Vergebung, noch bevor wir Buße tun (vgl. Mk 2,5). Aus dieser Vergebung heraus steht jedem Menschen der Weg zur befreienden Buße frei. Wie oft im Leben ebnet gerade die entwaffnende und überwältigende Macht von Gottes Vergebung und Barmherzigkeit den Weg zur Buße?

Solange ein Mensch nur eine Religion lebt und sich krampfhaft versucht, aus eigener Kraft an alle Regeln zu halten, werden das Gesetz (das man ihm auferlegt hat) und die Sünde immer zwischen Gott und ihm stehen. Sobald jemand jedoch in eine persönliche Beziehung zu Jesus eintritt, werden weder die Sünde noch irgendein Gesetz zwischen Gott und ihm stehen können.

Aus Gottes Sicht steht nichts zwischen ihm und dir!

Ich liebe Berichte von Menschen, die durch eine Begegnung mit Jesus ihr komplettes Leben Gott übergeben haben. Mittlerweile habe ich durch Sendungen wie „MenschGott" vom ERF Medien, verschiedene Predigten und die Lektüre diverser Bücher etwa 90 Berichte

gelesen, gehört und studiert. Ein Lebensbericht, der mich besonders bewegte, spielte sich in einem deutschen Gefängnis ab. Der
porträtierte Insasse hatte üble Dinge verbrochen und lebte nun seinen tristen Alltag in der Zelle. Er spürte noch nicht einmal das Gefühl der Reue in sich für das, was er getan hatte.

Da erscheint ihm Jesus eines Tages in einem Traum und reicht
ihm die Hand. Und alles, was dieser Mann in diesem Moment spür-
te, war pure Liebe. Jesus unterhielt sich mit ihm und zeigte ihm den
Himmel. Am nächsten Morgen war dieser Mann ein neuer Mensch.
Jesu Liebe hatte ihn so durchströmt, dass er sein Leben Gott über-
gab und später, zurück in der Freiheit, Pastor geworden ist. In der
gesamten Unterhaltung hatte Jesus nicht eine einzige Sünde des
Mannes erwähnt. Nicht eine! Wie treffend ist da der Satz von Pearl
S. Buck: „Mit Güte kann man fast jeden Menschen überraschen."
Und Gottes Überraschungen haben kein Ende. Warum fehlt uns
Menschen oft diese Bereitschaft?

In anderen Berichten begegnete Jesus einem Zuhälter, einer Dro-
genabhängigen und einem Mörder. Allen erschien er in reiner Liebe
und erfüllte mit seiner Anwesenheit die Personen mit einem Gefühl von entgegengebrachter Gnade und Barmherzigkeit. In keinem
einzigen dieser 90 Berichte hat Jesus einem Menschen seine Sünden vorgehalten und doch brachte später jeder von ihnen freiwillig
die eigenen Sünden vor Gott. Jesus hatte dem Kettenraucher nicht
die Schäden seines Tuns aufgelistet, dem jähzornigen Vater nicht
die Hand gebrochen oder ihm gedroht. Nein, er hat sie alle mit offenen Armen und einem liebenden Blick der puren Gnade in die
Arme genommen. Und genau in dieser liebenden und bedingungslosen Annahme, die Jesus ihnen entgegenbrachte, erkannten diese
Menschen ihre Schuld, die ihr Leben bedrückt und zerstört hatte.
Doch zu Beginn all dessen stand die Annahme Jesu.

***

204

Wenn wir die Güte Gottes über uns bewusst wahrnehmen, dann kann jeder Einzelne von uns in dieser Gewissheit aufblühen. Und aus dieser Güte heraus werden wir auch anfangen, unser Gegenüber aus Gottes Augen zu sehen. Wir werden vermehrt das Gute in ihm sehen. Aus dieser Güte heraus können auch wir Vergebung schenken, noch ehe Buße geschieht. Wir brauchen keinen anderen mehr zu ver- oder beurteilen, wir können unsere Mitmenschen einfach aus der erfahrenen Güte heraus stehen lassen. So wie sie sind, werden sie geliebt.

Wir bleiben an ihrer Seite, wie auch Jesus an unserer Seite bleibt. Jesus lässt keinen Menschen einfach zurück, auch wenn die Person an einer Weggabelung die falsche Entscheidung getroffen hat (vgl. Lk 15,1–10). Er folgt uns geduldig und voller Liebe. Er steht hinter uns und geht mit uns durch dieses Leben hindurch. Er ist bei jedem einsamen Kind und sitzt neben jedem, dessen Herz von Leid und Trübsal zerschlagen ist. Er hält die Hand des Verletzten, lässt Wunden heilen und fügt Zerbrochenes wieder liebevoll zusammen. Er hilft, zu vergeben und innerlich frei zu werden. Er geht höchstpersönlich mit uns „durch die Hölle", um gemeinsam mit uns wieder aus unserer Not aufzuerstehen. Er verlässt uns auch nicht, wenn wir aus unserem Schmerz heraus unseren Peinigern und Unterdrückern noch nicht verzeihen können. Er verlässt uns nicht, wenn wir allen guten Vorsätzen zum Trotz wieder einmal die Fassung verlieren und unsere Kinder anschreien. Und er verlässt uns auch ganz sicher nicht, wenn wir in einen tiefen Abgrund von negativen Emotionen stürzen.

Jesus verlässt uns nicht einen Augenblick unseres Lebens. Noch nicht einmal dann, wenn wir Gott den Rücken zukehren möchten (vgl. Röm 8,38). Jesus weiß, dass wir gerade in solchen Momenten Gott am nötigsten haben, weil Gott die Liebe in Person ist. Und wenn wir auf diese Welt und unser Leben schauen, dann sollten wir von dieser göttlichen Liebe, die jedem Menschen gilt, unsere

Wahrnehmung prägen lassen. Der einzige Unterschied zwischen all diesen Menschen, die uns umgeben, ist der, dass manche von ihnen an einem Wendepunkt in ihrem Leben innegehalten, sich Jesus zugewandt und ihm ihr gesamtes bisheriges Leben übergeben haben und die anderen eben (noch) nicht. Doch geliebt sind sie alle gleichermaßen.

In diesem Augenblick führt Jesus uns aus der Finsternis heraus und stellt uns in sein helles Licht (Joh 8,12; 1. Joh 1,5). Und in diesem Licht geht er mit uns und in uns mit. Ab dem Augenblick, in dem wir unseren freien Willen dazu nutzen, uns frei und bewusst für Jesus zu entscheiden, ändert sich alles in uns – auch wenn wir es manchmal erst in Etappen sehen.

Doch das gesamte Leben nimmt einen Wendepunkt in dem Moment, in dem wir uns für Jesus entscheiden. Wir werden eine neue Kreatur (vgl. 2. Kor 5,17). Das heißt: Jetzt lebst nicht mehr du, sondern Jesus in dir. Und Gottes Ziel ist es, dich von innen heraus zu heilen. Jeder Mensch hat Wunden davongetragen, die sein Leben noch immer beeinflussen können. Jesus schaut sie sich gemeinsam mit dir an und spricht Liebe und Heilung in die Wunden hinein. In seinem Licht kann so viel Heilung geschehen. Er spricht Freude, Mut und Kraft in dein Leben. Er lenkt dein Leben und deine Gedanken zum Guten und gibt dir neue Hoffnung. Er nimmt die Scherben deiner zerbrochenen Existenz und klebt sie liebevoll wieder zusammen. Und vor allem schenkt er dir das Einzige, was dich in Zeiten von Bedrückung und Niedergeschlagenheit nicht niederschmettert, sondern aufrichtet: seinen Frieden!

Es ist sein Friede, der größer ist, als wir es fassen können. Es ist sein Friede, der uns spüren lässt, dass Gott gut ist. Durch diesen Frieden erhalten wir die Ruhe und Gelassenheit, dass alles gut wird. Alles hält Gott in seiner liebenden und heilenden Hand. Dich, Königstochter, hält er besonders sanft und liebevoll. Dein Leben und deine Person sind ihm besonders wichtig. Er möchte dir genau dieses Gefühl des Friedens schenken. Es ist dieser Frieden, der deinen Verstand übersteigt und dich über Mauern springen lässt (vgl. Phil.4, 7; Ps 18,30).

Gottes Güte über deinem Leben

Ich möchte mir dir zusammen den Satz aus der Überschrift anschauen. „Gottes Güte über deinem Leben". Für die eine oder andere Frau ist dies vielleicht kein großes Thema. Sie hat eine relativ behütete und glückliche Kindheit und Jugend verlebt. Natürlich lief auch in ihrem Leben nicht alles glatt, und doch blieben außer ein paar kleinen Schrammen keine großen Narben zurück. Wenn sie gefragt werden würden, dann würden sie ihrem Leben und wie Gott es geführt hat, das Prädikat „Gut" oder vielleicht sogar „Sehr gut" verleihen. Dann gibt es wiederum Frauen, die im Rückblick auf ihr Leben Gott für seine Führung eher ein „Befriedigend" oder „Ausreichend" – oder vielleicht nicht einmal das – attestieren würden. Gott hat sie nicht ganz hängen gelassen. Sie leben schließlich noch, jedoch mehr schlecht als recht.

Nimm dir einmal kurz Zeit und überlege, welche Note du Gott für seine Führung in deinem Leben geben würdest. Du brauchst keine Angst zu haben, Gott mit deinem Urteil zu enttäuschen. Denn was du tief drinnen denkst, weiß Gott ohnehin längst schon und es erschreckt ihn nicht. Im Gegenteil, wenn du es endlich aussprichst, kann Gott mit dir gemeinsam dieses Thema anpacken und dich durch einen Prozess zur Heilung bringen. Nimm dir Zeit und überblicke noch einmal dein bisheriges Leben.

***

Vieles kann man erst im Nachhinein beurteilen. Wenn ich mein Leben genau betrachte, dann sehe ich Einsamkeit, Wut, Missbrauch, Verlust, Gehorsam, Tod, Zerbruch und Tränen. Doch durch all das zieht sich die Spur von Gottes Liebe wie ein zarter, goldener Faden. Nur ganz zart und leicht zu übersehen, schlängelt er sich durch mein Leben. Ganz zart erkenne ich Momente der Freude und des Schutzes. Immer wieder hat Gott bestimmte Weichen gestellt, die mir später zum Segen wurden: Meine Eltern entschieden sich mit Mitte 30, von Russland nach Deutschland zu ziehen. Es war eine Entscheidung, die sehr viel Segen mit sich brachte. Gott stellte mir gute Freunde an meine Seite. An meiner Grundschule glaubte eine Lehrerin an mich. Er schenkte mir wunderbare Geschwister: Mit 14 Jahren erfüllte Gott mir einen großen Wunsch: eine kleine Schwester. Plötzlich gab es ein kleines Wesen, dem ich meine ganze Liebe schenken konnte. Es gab viele Momente, in denen mein großer Bruder und ich herzlich lachten. Und letztendlich fanden auch meine große Schwester und ich Mitte 20 zueinander.

Trotz meiner vielen Zweifel, dass es einen guten Gott geben kann, wenn er mich in meinem Leben in so vielen Momenten scheinbar der Einsamkeit überlassen hatte, hat mich Gott im Rückblick doch immer gehalten. Er hat mich nie losgelassen. Als sich unsere Gemeinde teilte, weil ein Teil der Gemeinde sich dazu entschied, (noch) „bibeltreuer" leben zu wollen, da entschieden meine Eltern sich bewusst dagegen, sich der strengeren Richtung anzuschließen. Was für ein Segen ist es doch, in der Freiheit Christi leben zu dürfen. Als ich auf einer Erzieherschule meine Ausbildung begann, überredete mich eine Freundin, mit ihr auf eine Bibelschule zu wechseln. Was für ein Segen! Als meine erste Verlobung scheiterte, hatte Gott schon längst meinen zukünftigen Ehemann für mich im Blick. Was für ein Segen!

Das Erfahrene als Gottes Segen zu begreifen, der sich wie ein zartes Band der Güte durch meine Lebensgeschichte zog, war mir allerdings erst im Nachhinein möglich. Bis Anfang 30 hatte ich nicht groß darüber nachgedacht, ob Gott beim Verlauf meines bisherigen Lebens überhaupt mitgewirkt hat. Ich habe das Leben genommen, wie es eben kam. Was hätte ich auch groß daran ändern können?

Erst jetzt begreife ich, dass es eine große Rolle im Leben spielt, ob ich Gottes Gnade, Güte und Segen über meinem Leben erkennen und sehen kann. Denn dies alles zu erkennen, hat mir geholfen, Frieden mit meiner Vergangenheit, meiner Gegenwart und meiner Zukunft zu schließen. Weil ich erkannt habe, dass sich Gottes zartes, goldenes Band der Liebe schon durch mein ganzes Leben gezogen hatte und sich auch noch bis ans Ende meiner Tage weiter durch mein Leben ziehen wird.

Mit diesem inneren Frieden und meinem Glauben an einen guten Gott kann ich heute voller Zuversicht in die Zukunft blicken. Weder Gottes Liebe noch seine Gnade noch seine Güte werden mich verlassen, denn Gott ist durch und durch gut! Seine Güte liegt auf meinem Leben. Ganz gleich, was noch auf mich zukommen wird, die Geschichte meines Lebens wird immer den goldenen Schimmer seiner Güte tragen.

Die Sicht auf unser bisheriges Leben ist entscheidend und kann beeinflussen, wie wir unser weiteres Leben gestalten werden.

Ich möchte, dass du dir kurz dieses Quadrat anschaust:

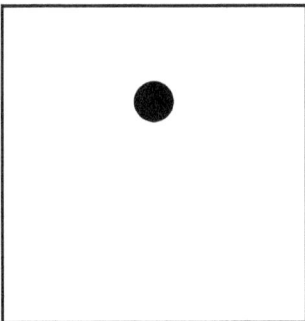

Was siehst du? Manche sehen einen schwarzen Punkt in einem weißen Quadrat. Andere wiederum sehen ein weißes Quadrat mit einem kleinen schwarzen Punkt.

Viele Menschen konzentrieren sich so sehr auf das Leid und das Schlechte in ihrem Leben, dass sie den Segen gar nicht sehen. Das Leid scheint ihnen eine Art Sicherheit und Konstante zu geben. Dabei ist ihr Leben, genau wie dieser schwarze Punkt, oftmals umgeben von Segen und hellem Licht. Denn auch, wenn das Dunkle das gesamte Gute in deinem Leben zu überschatten scheint, es wird immer etwas hell Schimmerndes sichtbar bleiben – schon allein deshalb, weil Gott nicht von deiner Seite weicht und seine Liebe immer um dich ist (vgl. Jos 1,5).

* * *

Ich möchte mir nicht anmaßen, über dein Leben zu urteilen. Denn jeder von uns hat seine eigene Geschichte. Die einen haben viel Liebe auf ihren Lebensweg mitbekommen, die anderen weniger und die Dritten erfuhren scheinbar nur Leid.

Eines dürfen wir nicht verwechseln: Gott ist nicht das Leid, das uns widerfahren ist. Gott ist das Gute, das uns widerfahren ist. Suche die Ursache für das Leid nicht in Gott, sondern das Gute, das Gott schenkt – auch im Leid. Wo gab es „Zufälle", die dein Leben zum Guten veränderten? Wo hattest du einen Menschen an deiner Seite, der an dich glaubte? Wo hattest du Rückzugsmöglichkeiten, in denen du auftanken konntest? Wo bist du vor noch größerem Leid bewahrt worden? Wie haben diese Lebensumstände deinen Charakter geformt? Welche Freunde hast du durch dein Leid gewonnen?

Menschen mögen vieles in dir zerstört haben, aber das ist nicht das Ende deiner Geschichte. Vielleicht haben dir auch die Folgen von Sünde Leid und Zerstörung ins Leben gebracht, doch Gott ist größer als die Resultate unserer falschen Entscheidungen.

Es gibt einen Spruch, der im ersten Moment etwas banal klingen könnte, und doch mag ich ihn sehr: „Am Ende wird alles gut, und wenn es nicht gut ist, dann ist es noch nicht das Ende." Aus dem größten Dreck kann eine Rose wachsen, aus einer zerbrochenen Ehe etwas Neues entstehen, aus einer vermeintlichen Sackgasse ein ganz neuer Weg herausführen. Paulus schreibt: „Und wir wissen, dass für die, die Gott lieben, alles zum Guten führt" (Röm 8,28; NL). Wenn wir unser Leben Gott anvertrauen, dann kann er aus allem, was Menschen zerstört haben, etwas Wunderbares erschaffen. Denn Gottes Ziel ist es immer, zu heilen und Gutes entstehen zu lassen. Ja, Gott heilt oft nicht über Nacht. Aber er heilt. Er klebt, wie bei der japanischen Kunstform „Kintsugi", die Scherben deines Lebens mit flüssigem Gold zusammen – so, dass zwischen den zusammengefügten Bruchstücken das pure Gold schimmert!

Aus etwas Kaputtem entsteht etwas wunderschönes Neues. Wenn du das Gefühl hast, dass in deinem Leben noch keine Veränderung zu sehen ist oder dass dein Schmerz seit Jahren anhält, ohne abzunehmen, dann stelle dir kurz die Frage: „Inwieweit habe ich Gott in mein Leid mit einbezogen? Habe ich ihm wirklich schon alle Scherben übergeben? Habe ich jeden Schmerz hinausgebrüllt und meiner Seele vor ihm Luft gemacht?"

Manche Menschen halten ihr Leid vor Scham oder Angst in ihrem kleinen Kämmerchen versteckt. Wenn wir tief in unserem Herzen Gott für unser Leid verantwortlich machen, ist die Wahrscheinlichkeit sehr gering, dass wir uns im Leid demjenigen anvertrauen, der es uns (vermeintlich) geschickt hat. Zu Recht, schließlich sind wir insgeheim davon überzeugt, dass er die Scherben überhaupt erst verursacht hat. Wie können wir ihm da noch vertrauen? Wenn wir jedoch die Möglichkeit in Betracht ziehen, dass Gott nicht die Ursache für all unser Leid ist, dann besteht eine Chance auf Hoffnung, den Mut aufzubringen, um die kleine Kammer zaghaft zu öffnen und Gott hereinzubitten.

Du zweifelst noch und hast Angst? Das ist vollkommen okay. Es reicht der kleine zaghafte Versuch zu vertrauen. Halte Gott einfach all deine Scherben hin. Ich zweifle mittlerweile nicht mehr eine Sekunde daran, dass Gott aus all den Scherben, all den Schmerzen und all dem Leid etwas Gutes wachsen lassen kann: eine Pflanze der Hoffnung, erst nur zart und klein, doch irgendwann wird sie zu einem saftigen, kräftigen Baum, der grünt und blüht und Vögeln ein Zuhause gibt, die auf seinen Ästen Hoffnungslieder singen.

Ja, auch deine Seele kann wieder lernen zu singen. Dein Vertrauen auf Gott darf wanken und dann wieder festen Boden unter den Füßen erlangen. Denn Gott blickt über dein Leben voller Güte und Liebe. Er ist durch und durch gut. Aus dieser Güte heraus führt und segnet er unser Leben. Und Gott geht mit dir deinen persönlichen Weg. Den Weg, den Gott mit dir geht, geht kein anderer. Ist das nicht spannend? Dein Weg ist gesegnet, geführt und von gütigen Augen bewacht. Du darfst aus deinem Schmerz herauswachsen und neu erblühen – und das Erlebte mit in dein Leben integrieren und etwas Gutes daraus machen. Es gibt so viele verletzte Seelen, die ganz ähnliche Narben tragen wie du, aber noch keine Heilung erfahren durften, weil ihnen keiner die Hand reichte. Vielleicht wirst genau du mit deiner persönlichen Erfahrung zu einer Hoffnungsträgerin für diese Menschen!

Gott wird auch dein weiteres Leben segnen und mit goldenen Fäden verzieren. Vertraue deinem Vater, dass er es gut mit dir meint. Involviere Gott in deine Pläne. Du darfst gemeinsam mit ihm träumen, hoffen und planen. Unsere Träume sind oft so bodenständig. Wir trauen uns kaum, groß zu träumen. Gott dagegen träumt oft groß. Er möchte das Beste für dein Leben. Er möchte dir seinen vollen Segen schenken und eine vollständige innere Heilung in dir bewirken. Er möchte dich beschenken und mit reicher Gnade krönen. Gottes „Sehr gut" steht über deinem Leben. Daher: Habe Mut, mit Gott zu träumen und im Vertrauen loszugehen.

Ich wünsche dir, dass du tagtäglich, wie ein Kind seinem Vater, Gott dein Vertrauen schenkst. Halte Gott jeden Morgen deinen bevorstehenden Tag hin und lass ihn diesen mitgestalten. Lass dich überraschen, wenn er etwas dazwischenschiebt oder etwas aus deiner Planung herausnimmt. Lass dich jeden Tag neu auf diese großartige Güte Gottes ein, und du wirst sehen, dass der Frieden und die Freude in deinem Leben Einzug halten werden.

Nimm es tief in dich auf:

Gott ist geduldig und freundlich.
Gott eifert nicht für den eigenen Standpunkt,
er prahlt nicht und schaut nicht auf andere herab.
Gott nimmt sich keine Freiheiten heraus
und sucht nicht den eigenen Vorteil,
er lässt sich nicht reizen und ist nicht nachtragend.
[Er führt keine Liste unserer Schwächen oder Vergehen.]
Er freut sich nicht am Unrecht, sondern freut sich,
wenn die Wahrheit siegt.
Gott gibt nie [!] jemanden auf,
er verliert nie den Glauben oder die Hoffnung
und hält durch bis zum Ende.
[Egal wie weit und steinig der Weg auch sein mag.]
Gottes Liebe wird niemals vergehen.
– Nach 1. Korinther 13 –

Das ist der Gott, der seine Hände über dich hält, Königstochter. Und das ist auch der Gott, der dich erschaffen und bis zum heutigen Tag begleitet hat. Das ist der Gott, der dich täglich segnen möchte und mit dir gemeinsam dein Leben meistern wird. Mit Gott an deiner Seite verspricht dein Leben Gutes, denn Gott ist durch und durch gut.

Seine Güte liegt über deinem Leben.

Gottes Güte – ganz praktisch
Kurz nachgedacht – tief eingetaucht

- Nimm dir eine Ruhezeit, in der du nicht gestört werden kannst. Mach es dir richtig gemütlich. Nun schließe deine Augen und betrachte dein Leben aus einer anderen Perspektive – so, als würdest du dich neben den Thron Jesu stellen und mit ihm gemeinsam auf dein bisheriges Leben schauen. Fange in deiner Kindheit an und gehe dann gedanklich weiter durch die Jahre, bis du in der Gegenwart ankommst. Achte gezielt auf den goldenen Faden. Wo erkennst du Gottes große Güte auf Anhieb und wo nur beim genaueren Hinschauen? Bitte den Heiligen Geist, dir zu helfen, hinter das blicken zu können, was vordergründig passiert ist. Jetzt, im Erwachsenenalter, hast du die Weitsicht, die du als Kind noch nicht hattest und die durchaus das Gute im Schlamassel erkennen kann. Gottes Güte lag über deinem Leben, auch wenn du nur eine Handvoll goldener Momente erhaschen kannst. Seine Güte hat er niemals von dir genommen. Ich wünsche dir, dass du auch in der Zukunft Gottes goldenen Faden und die goldenen Momente in deiner Lebensgeschichte erkennst und täglich etwas davon aufblitzen siehst.

- Ich möchte dir eine Wahrheit mit auf den Weg geben, die mir im Leben oft begegnet ist.

- Du wirst den Vater, Jesus und den Heiligen Geist nur so erleben, wie du es erwartest. Nicht, weil er möchte, dass du ihn nur so erlebst, sondern weil dein Blick sich an deinen Erwartungen orientiert. Wenn dein Herz glaubt, dass Gott nicht zu dir spricht, dann wirst du ihn auch nicht hören, weil dein Herz nicht offen dafür ist. Wenn dein Herz glaubt, dass dir nur Böses geschieht, dann wird dein Blick auch nur auf das Böse fokussiert sein. Die Grenzen, an die du in deinem Leben stößt, setzt dir oftmals nur dein eigener Herzensglaube. Ich wünsche dir, dass dir Gott, dein Vater, Jesus und der Heilige Geist in der kommenden Zeit so vertraut werden wie noch nie zuvor. Als Jesus am Kreuz starb, hat Gott persönlich den Vorhang im Tempel von oben nach unten zerrissen, der die Menschen vom Allerheiligsten trennte. Er tat es, um dir ganz nah zu sein. Nähe du den Vorhang nicht wieder mit religiöser Distanz von unten zu. Mache dich frei von starrer Religiosität und inneren Glaubensgrenzen. Werde frei, deinem himmlischen Vater wie eine geliebte Tochter zu begegnen und ihm zu vertrauen.

• Gerne kannst du zur Festigung dieses Kapitels dieses Gebet sprechen:

• Vater, ich zerschlage alle selbst aufgerichteten Grenzen und Mauern in der Kraft deines Sohnes Jesus Christus. Ich öffne dir mein Herz, damit du alle Wunden und Verletzungen heilen und mich in die Freiheit leiten kannst. Vater, ich gebe dir alle meine falschen Glaubensüberzeugungen und Gottesbilder, die ich mir im Laufe des Lebens selbst errichtet habe und mit denen ich dich innerlich begrenzt habe. Ich möchte frei sein und allein mit deiner Wahrheit und deiner wahren Liebe und Güte gefüllt werden. Ich gebe dir die Erlaubnis, dich in meinem Leben in all deiner Größe und Güte zu verherrlichen. Dir allein soll auf ewig das Vertrauen meines Herzens gehören.

9.2 Einatmen – aufatmen – sein: Komm an im Hier und Jetzt

HIER
ist mein Lieblingsort,
JETZT
ist meine Lieblingszeit.
– Unbekannt –

Paulus schreibt in Hebräer 4,11 davon, dass wir uns Mühe geben sollen, in die Ruhe Gottes einzukehren. So paradox es auch klingen mag, so wunderbar ist die Wahrheit, die sich dahinter verbirgt. Schon immer habe ich die Ruhe und Rückzugsmöglichkeiten in meinem Alltag gesucht, um in der Stille wieder Kraft schöpfen zu können. Im Trubel meines Alltags und im Chaos meiner Gedanken schaffte ich es nur über den Weg in die Ruhe, wieder zu innerem Frieden zu gelangen.

Dieser Frieden währte aber immer nur für eine kurze Zeit, immer nur bis zum nächsten Chaos, zum nächsten Streit oder bis zum nächsten Termin. Es schien, als würde ich mich nur von Ruhepunkt zu Ruhepunkt entlang hangeln.

Immer wieder versuchte ich, mich damit aufzubauen, dass ich geliebt, geschützt und geleitet werde. Wie ein Mantra redete ich mir dies ein in der Hoffnung, dass sich diese Worte tief in meinem Herzen verfestigen würden. Doch wie feiner Sand, der durch die Hände rinnt, drohten mir die selbst zugesprochene Liebe und der hart erkämpfte Frieden immer wieder zu entgleiten.

Doch Gott war so herrlich und nahm mich in den letzten Jahren mit auf eine Reise zu sich selbst. Er nahm mich sanft bei der Hand und zeigte mir, dass ich die ersehnte Ruhe und Liebe niemals außerhalb finden würde, wenn in meinem Herzen etwas noch nicht stimmt. Ich begriff: Ich kann beides weder erzwingen noch mir bleibend selbst einreden, da noch Dinge in meinem Herzen sind, die angeschaut werden müssen und heilen wollen, weil sie sich sonst weiterhin weigern, Gottes Wahrheiten zu glauben.

Dieser Weg zum eigenen Herzen erforderte viel Mut, weil sich ein Herz nichts vorspielen lässt. Zugeschüttet von negativen Glaubenssätzen, falscher Religiosität, starren, frommen Überzeugungen und schmerzhaften Erlebnissen bleibt die eigentliche Wahrheit darüber, was wir tief im Herzen wirklich glauben, oftmals ein Leben lang verdeckt. Wir müssen uns bewusst zu ihr hindurchkämpfen. Und oftmals kann dafür auch professionelle Hilfe von außen hilfreich sein.

***

Nachdem mir durch meinen Zusammenbruch schmerzhaft bewusst wurde, dass das, was mein Herz glaubte, mich nicht beflügelte, sondern in diese tiefe Erschöpfung getrieben hatte, wusste ich: Es ist Zeit, meinem wahren Herzensglauben auf die Spur zu kommen. Entschlossen machte ich mich auf den Weg und riss alle errichteten frommen Fassaden ein, bis ich zum Kern der Wahrheit über mich selbst vorstieß. Und obwohl diese Wahrheit alles andere als vorzeigbar war, wendete ich den Blick nicht von ihr ab. Ich glaube, dass hierin für die meisten Christen die größte Herausforderung liegt, nämlich die Unerschrockenheit zu haben, die ungeschönte Wahrheit des eigenen Herzenszustandes anzuschauen und zu benennen.

In meinem Fall war es die Wahrheit, dass ich mich eben tief drin im Herzen von Gott weder geliebt noch bewahrt fühlte. Dass ich zum Teil unbewusst davon ausging, dass Gott mich vielleicht gerne leiden sah. Doch gerade dieser ehrliche Blick auf mein Herz hat mir die Türen zum Leben und zu Gottes Herzen geöffnet. Zu der Wahrheit meines Herzens vorgedrungen, konfrontierte Gott mich damit, was ich all die Jahre wirklich von ihm geglaubt hatte, welches Gottesbild ich mir unbewusst erbaut und welchen verzerrten Glaubensvorstellungen ich vertraut hatte. Er konfrontierte mich mit meiner Selbstwahrnehmung und meinem Streben, mir durch meine Werke seine Aufmerksamkeit zu sichern.

Jesus sagt in Johannes 8,32: „Ihr werdet die Wahrheit erkennen, und die Wahrheit wird euch befreien!" Inzwischen kann ich behaupten: Gott hat mir all die Lügen und falschen Überzeugungen genommen und mir meinen wahren Wert sowie seine allumfassende Güte gezeigt. Und die Mühe war es wert. All die Stunden und Tage, die ich in der Stille einfach am Herzen Gottes verbrachte, um mir seiner Liebe ganz neu bewusst zu werden und sie dann spürbar erleben zu können, haben mich zutiefst verändert. Mit jedem Tag, den ich bewusst mit Jesus verbrachte und an dem ich über Gottes Güte und Liebe nachsann und sie gezielt in mein Herz hineinließ, konnte mein Herz ein Stück mehr heilen. Tropfen für Tropfen sickerte die Wahrheit über meinen himmlischen, liebevollen, allmächtigen und majestätischen Vater in mein Herz.

Ich brauche mir fortan nichts mehr einzureden. Inzwischen lebe ich in der tiefen *Gewissheit*, geliebt zu sein. Ich habe zu meiner wahren Identität gefunden: Ich bin ein Königskind, geliebt und geboren, um zu lieben. Mein Vater ist Gott, der König des ganzen Universums höchstpersönlich. Es fühlte sich an, als hätte ich über all die Jahre meine Luft unter Wasser angehalten und wäre nun endlich aus einem tiefen Wasserstrom aufgetaucht und könnte wieder tief einatmen. Frisch und wie neugeboren fühle ich mich. Der ganze Kampf ist vorbei. Ich bin im Hier und Jetzt angekommen. Und im Bewusstsein der Güte Gottes vermag ich kaum noch etwas zu erbitten. Ich lasse mich vielmehr nur vertrauensvoll fallen. Diese Leichtigkeit, die aus dem gewachsenen Vertrauen in die Güte wächst, lässt mich heute einfach nur dankend Schritt für Schritt vorwärtsgehen. Denn welche Sorge kann größer sein als mein allmächtiger, gütiger Vater? Keine einzige!

Ja, ich glaube heute aus tiefstem Herzen, dass ich von oben

behütet und von innen gelenkt werde. Und trotzdem bin ich natürlich immer noch Mutter von drei Kindern, Erzieherin und Ehefrau. Meine Kinder begeistern mich, aber stellen meine Geduld manchmal noch immer hart auf die Probe. Äußerlich ist fast alles beim Alten geblieben, doch innerlich hat sich meine Welt verändert. Ich bin als verletzte, aufopfernde, erschöpfte Sünderin vor den Thron eines gesetzlichen Gottes gekommen und als geliebte Königstochter habe ich den Palast meines Vaters wieder verlassen. Und das Schöne ist, dass mein Vater die Tore hinter mir nie schließt. Sie stehen mir täglich offen.

Jesus sagt: „Euer Herz erschrecke nicht, glaubt an Gott und glaubt an mich" (Joh 14,1; LU). Das griechische Wort, das hier mit „erschrecken" übersetzt wird, kann auch mit „in Aufregung, in Unruhe beziehungsweise in Verwirrung sein" übersetzt werden. Jesus sagt mir damit sozusagen: „Jedes Mal, wenn dein Herz unruhig und nervös wird, Irene, dann erinnere dich an die tiefe Wahrheit deines Glaubens. Glaube an den wahren Gott und glaube an mich."

Jedes Mal, wenn mein Herz heute mal wieder in ein Ungleichgewicht gerät und Unruhe in mir hochsteigt, weil der Trubel um mich und die Emotionen in mir hohe Wellen schlagen, dann weiß ich, dass es an der Zeit ist, mir die erkannten Wahrheiten über meinen himmlischen Vater wieder zu vergegenwärtigen. Dann ist es höchste Zeit, in den Thronsaal meines Vaters zu kommen, ganz nah an sein Herz, um dort in seiner Liebe und seinem Frieden wieder ins Gleichgewicht zu kommen.

Ich bin im Hier und im Jetzt angekommen.

„Behüte dein Herz mit allem Fleiß, denn daraus quillt das Leben" (Spr 4,23; LU). Ich möchte dir zum Schluss diesen Vers noch einmal mit auf den Weg geben. Nie zuvor habe ich ein so tiefes Verständnis dieses Verses erlangt wie in den letzten Jahren. Es ist nicht entscheidend, was deine Gemeinde, deine Eltern oder dein Kopf glauben und wissen. Letztendlich entscheidet nur der Glaube deines eigenen Herzens, welchen Wert du dir selbst beimisst, welchem Bild eines „guten Christen" du entsprechen willst und welchem Gottesbild du folgst. Und der Glaube deines Herzens bestimmt deine ganze Lebensqualität.

Ich wünsche mir deshalb von ganzem Herzen, dass auch andere Königstöchter den Mut finden, ihr eigenes Herz ehrlich zu betrachten, es dann von Gott erneuern zu lassen und in eine tiefe Beziehung mit ihrem himmlischen Vater einzutreten. In dieser Beziehung können sie sich ihrer wahren Identität bewusst werden: Sie sind Königstöchter – frei, wild und wunderbar.

Ich wünsche allen Königstöchtern, dass sie durch Selbstannahme lernen, auch ihr Gegenüber anzunehmen, stehen zu lassen, zu lieben und vielleicht sogar den ersten Schritt zur Vergebung zu wagen, wo es nötig ist, um sich auch in ihren zwischenmenschlichen Beziehungen von allem, was belastet und erschöpft, frei machen zu können.

Ich wünsche jeder Königstochter, dass sie an der Güte Gottes nie mehr zweifeln muss, dass sie ein leichtes und dankbares Herz bekommt und beflügelt statt erschöpft durchs Leben tanzen kann.

Seit deinem ersten Herzschlag bist du in den Augen deines himmlischen Vaters ein Königskind. Das ist deine Bestimmung. Und der Thronsaal Gottes ist dein Zuhause, deine Zuflucht und dein Hafen.

Dein Vater wartet auf dich, Königstochter! Die Tore des Himmelreiches stehen dir offen.

Gott liebt dich besonders, weil du sein Lieblingskind bist.

Danksagung

Ich danke meinem Gott für seine allumfassende Güte!

Ich danke meinem Mann, der mich immer wieder an Jesu Güte und Gnade erinnert. Voller Geduld, Liebe und Wertschätzung begegnest du mir, ohne zu richten oder zu bewerten. Wenn ich falle, so reichst du mir stets deine Hand und stärkst mir den Rücken. Du glaubst an meine Talente, an meine Gaben und vor allem an meine Träume, oftmals mehr als ich selbst es tue. Gott wusste, dass mit dir an meiner Seite und mit ihm als Dritten im Bunde nichts und niemand unser Band zerreißen kann.

Natürlich nehme ich auch meine drei kleinen Racker mit in den Dank hinein. Viel zu lieb habe ich euch, als dass ich euch unerwähnt lassen könnte! Entfaltet euch nach Gottes Ebenbild, macht die Welt ein bisschen besser und genießt euer Leben am Herzen Gottes. Es gibt keinen, der euch mehr liebt und stolzer auf euch ist als euer König, euer Vater, euer Gott!

Ich danke meiner Lektorin. Fleißig, liebevoll und geduldig hast du mich begleitet. Mit deiner warmen, wertschätzenden Art hat Gott dich mir an die Seite gesetzt. Danke für deine wirklich großartige Führung durch dieses Projekt.

Der Verlag weist ausdrücklich darauf hin, dass im Text enthaltene externe Links vom Verlag nur bis zum Zeitpunkt der Buchveröffentlichung eingesehen werden konnten. Auf spätere Veränderungen hat der Verlag keinerlei Einfluss. Eine Haftung des Verlags ist daher ausgeschlossen.

© 2021 Gerth Medien
in der SCM Verlagsgruppe GmbH,
Dillerberg 1, 35614 Asslar

Wenn nicht anders angegeben, wurden die Bibelstellen der folgenden Übersetzung entnommen:
Hoffnung für alle®, Copyright © 1983, 1996, 2002, 2015 by Biblica Inc.®.
Verwendet mit freundlicher Genehmigung von Fontis – Brunnen Basel.
Alle weiteren Rechte weltweit vorbehalten.
Weitere verwendete Übersetzungen:
Lutherbibel, revidierter Text 1984, durchgesehene Ausgabe,
© 1999 Deutsche Bibelgesellschaft, Stuttgart.
Neues Leben. Die Bibel, © der deutschen Ausgabe 2002 und 2006 SCM R.Brockhaus in der SCM Verlagsgruppe GmbH, Witten / Holzgerlingen.

1. Auflage 2021
Bestell-Nr. 817 748
ISBN 978-3-95734-748-0

Umschlaggestaltung: Hanni Plato
Umschlagfoto: Shutterstock
Satz: Greiner & Reichel, Köln
Druck und Verarbeitung: GGP Media GmbH, Pößneck
www.gerth.de

Printed in Germany